Impressum
Verlag: BABADADA GmbH, Nedderfeld 112 , 22529 Hamburg
Geschäftsführer / Verlagsleitung: Harald Hof
Druck: Books on Demand GmbH, In de Tarpen 42, 22848 Norderstedt

Imprint
Publisher: BABADADA GmbH, Nedderfeld 112 , 22529 Hamburg, Germany
Managing Director / Publishing direction: Harald Hof
Print: Books on Demand GmbH, In de Tarpen 42, 22848 Norderstedt

σχολείο
məktəb

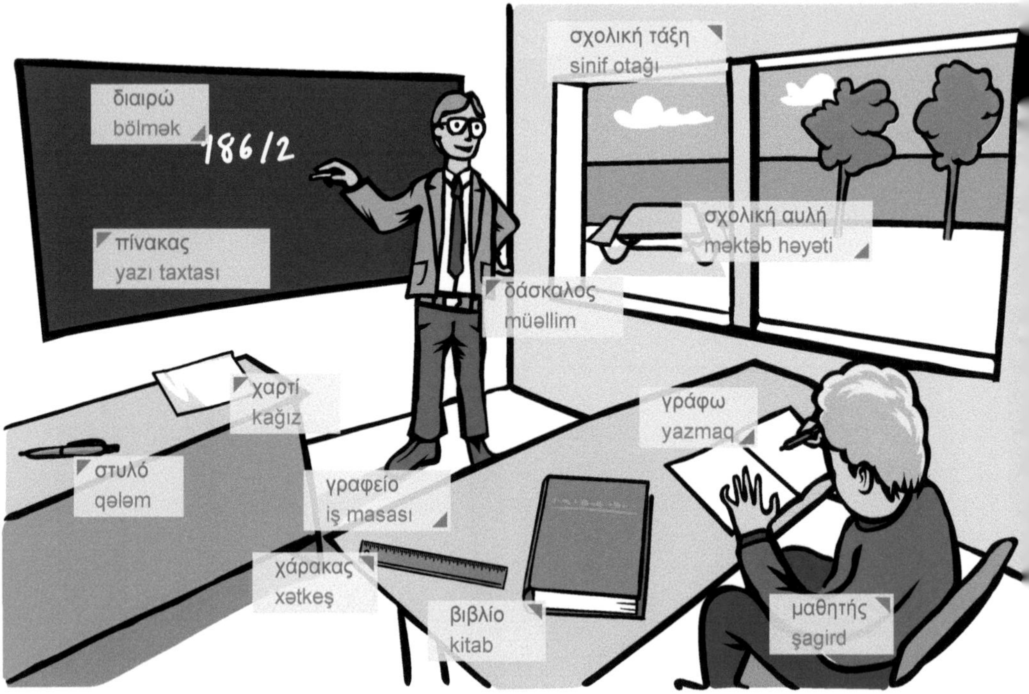

σχολική τάξη
sinif otağı
διαιρώ
bölmək
186/2
πίνακας
yazı taxtası
σχολική αυλή
məktəb həyəti
δάσκαλος
müəllim
χαρτί
kağız
γράφω
yazmaq
στυλό
qələm
γραφείο
iş masası
χάρακας
xətkeş
βιβλίο
kitab
μαθητής
şagird

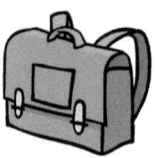

σχολική τσάντα
məktəbli çantası

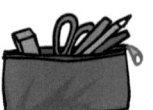

κασετίνα/ μολυβοθήκη
karandaş qabı

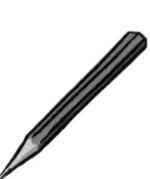

μολύβι
karandaş

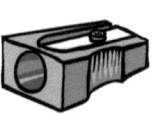

ξύστρα
karandaş yonan

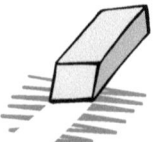

γόμα
pozan

μπλοκ ζωγραφικής
rəsm albomu

ζωγραφική
rəsm

πινέλο
boya fırçası

κουτί χρωμάτων
boya qutusu

ψαλίδι
qayçı

κόλλα
yapışdırıcı

τετράδιο ασκήσεων
dəftər

εργασία για το σπίτι
ev tapşırığı

αριθμός
say

2+2

προσθέτω
əlavə etmək

αφαιρώ
çıxmaq

πολλαπλασιάζω
vurmaq

υπολογίζω
hesablamaq

γράμμα
hərf

ABCDEFG
HIJKLMN
OPQRSTU
VWXYZ

αλφάβητο
əlifba

λέξη
söz

κείμενο

mətn

διαβάζω

oxumaq

κιμωλία

tabaşir

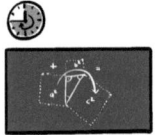

μάθημα

dərs

εγγράφομαι

sinif jurnalı

τεστ

imtahan

πιστοποιητικό

təhsil haqqında sənəd

μαθητική στολή

məktəb uniforması

εκπαίδευση

təhsil

εγκυκλοπαίδεια

ensiklopediya

πανεπιστήμιο

universitet

μικροσκόπιο

mikroskop

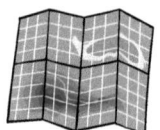

χάρτης

xəritə

καλάθι αχρήστων

zibil qutusu

ταξίδι
səyahət

ξενοδοχείο
mehmanxana
ξενώνας
yataqxana
ROOMS
EXCHANGE
ανταλλακτήρια συναλλάγματος
valyuta mübadiləsi məntəqəsi
βαλίτσα
çamadan
αυτοκίνητο
avtomobil

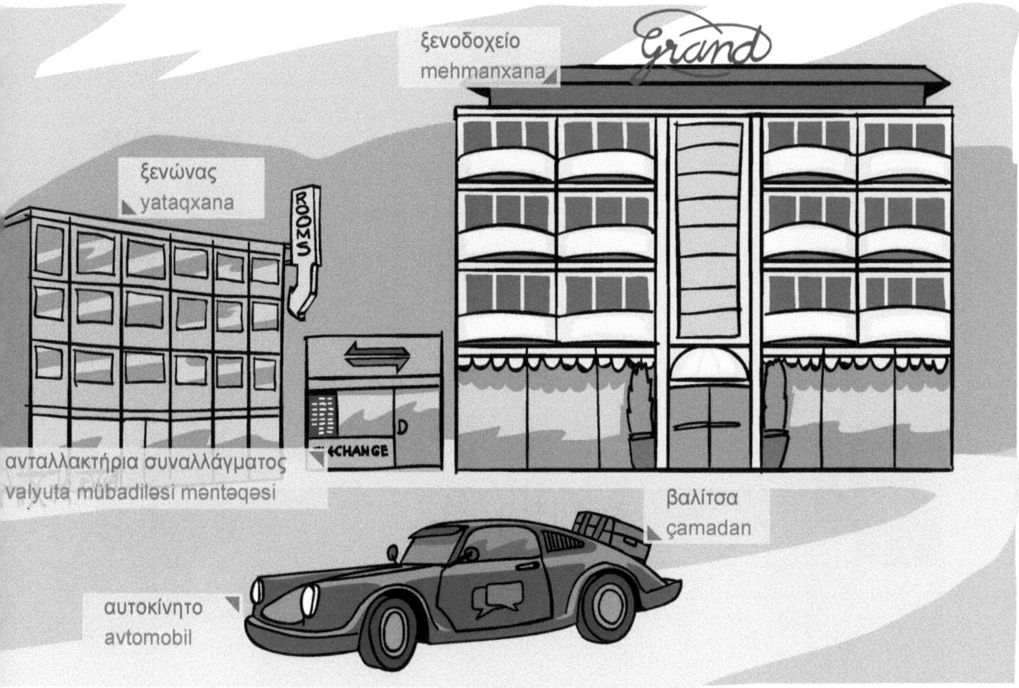

γλώσσα

dil

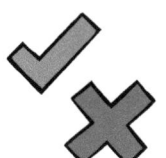

ναι / όχι

bəli/xeyr

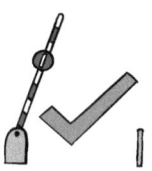

εντάξει

oldu

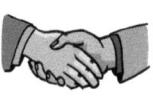

γεια σου

salam

μεταφραστής

tərcüməçi

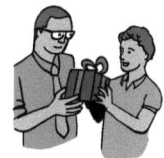

Ευχαριστώ

Təşəkkür edirəm

πόσο κάνει ;

giyməti nə qədərdir ...?

Δε καταλαβαίνω

mən başa düşmürəm

πρόβλημα

problem

Καλησπέρα!

Axşamınız xeyir!

Καλημέρα!

Sabahınız xeyir!

Καληνύχτα!

Gecəniz xeyrə galsin!

Αντίο

hələlik

κατεύθυνση

istiqamət

αποσκευές

baqaj

τσάντα

torba

σακίδιο πλάτης

kürək çantası

καλεσμένος

qonaq

δωμάτιο

otaq

υπνόσακος

yataq-çuval

σκηνή

çadır

τουριστικές πληροφορίες

turistlər üçün məlumat

παραλία

çimərlik

πιστωτική κάρτα

kredit kartı

πρωινό

səhər yeməyi

μεσημεριανό

günorta yeməyi

δείπνο

nahar yeməyi

εισιτήριο

bilet

ανελκυστήρας

lift

γραμματόσημο

poçt markası

σύνορα

sərhəd

τελωνείο

gömrük

πρεσβεία

səfirlik

βίζα

viza

διαβατήριο

pasport

ταξίδι - səyahət

μεταφορά
nəqliyyat

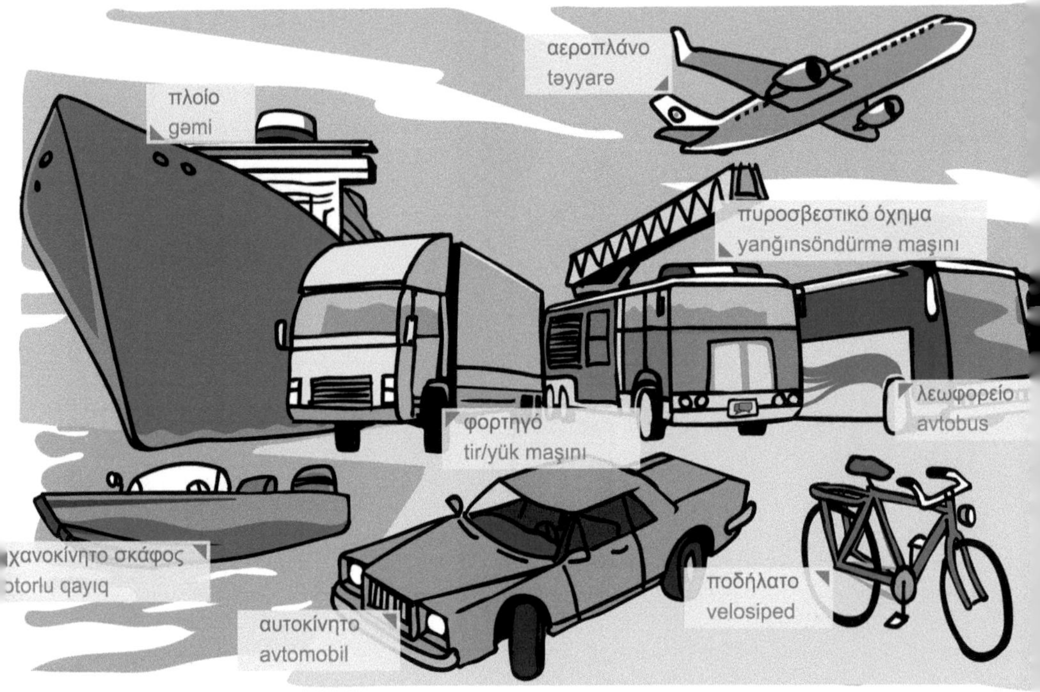
αεροπλάνο
təyyarə
πλοίο
gəmi
πυροσβεστικό όχημα
yanğınsöndürmə maşını
λεωφορείο
avtobus
φορτηγό
tir/yük maşını
χανοκίνητο σκάφος
otorlu qayıq
ποδήλατο
velosiped
αυτοκίνητο
avtomobil

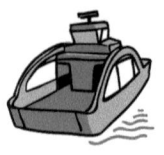

φεριμπότ

bərə

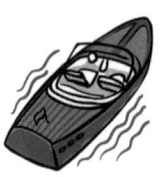

βάρκα

qayıq

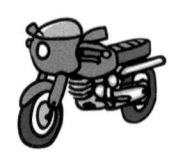

μοτοσικλέτα

motosiklet

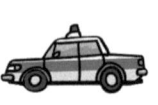

περιπολικό

polis avtomobili

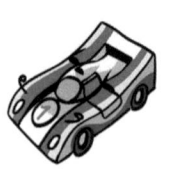

αγωνιστικό αυτοκίνητο

yarış avtomobili

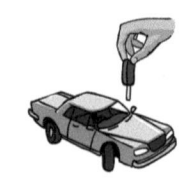

ενοικιαζόμενο αυτοκίνητο

icarə avtomobili

Διαμοιρασμός αυτοκινήτων

avtomobil icarəsi

γερανός

texniki yardım maşını

απορριμματοφόρο

zibil maşını

κινητήρας

mühərrik

καύσιμο

yanacaq

βενζινάδικο

benzin doldurma məntəqəsi

πινακίδα σήμανσης

yol nişanı

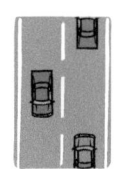

κυκλοφορία

yol hərəkəti

κυκλοφοριακή συμφόρηση

tıxac

χώρος στάθμευσης

avtomobil dayanacağı

σιδηροδρομικός σταθμός

dəmir yolu stansiyası

σιδηροδρομικές γραμμές

dəmiryol

τρένο

qatar

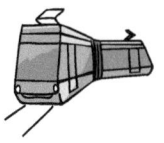

τραμ

tramvay

βαγόνι

vaqon

ελικόπτερο

helikopter

αεροδρόμιο

hava limanı

πύργος

qüllə

επιβάτης

sərnişin

εμπορευματοκιβώτιο

konteyner

χαρτοκιβώτιο

karton qutu

καρότσι

əl arabası

καλάθι

səbət

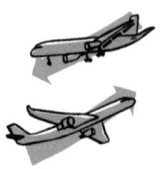

απογειώνομαι /
προσγειόνομαι

qalxmaq / enmək

πόλη

şəhər

χωριό

kənd

κέντρο της πόλης

şəhər mərkəzi

σπίτι

ev

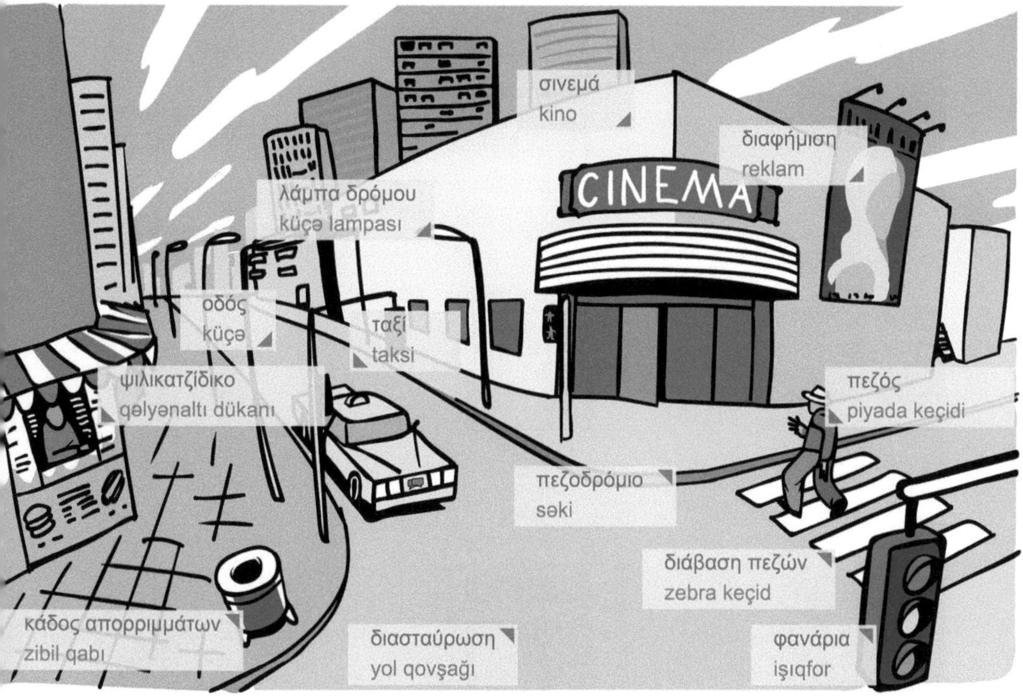

σινεμά
kino
διαφήμιση
reklam
CINEMA
λάμπα δρόμου
küçə lampası
οδός
küçə
ταξί
taksi
ψιλικατζίδικο
qəlyənaltı dükanı
πεζός
piyada keçidi
πεζοδρόμιο
səki
διάβαση πεζών
zebra keçid
κάδος απορριμμάτων
zibil qabı
διασταύρωση
yol qovşağı
φανάρια
işıqfor

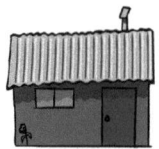

καλύβα

daxma

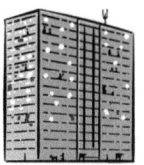

διαμέρισμα

mənzil

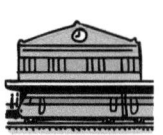

σιδηροδρομικός σταθμός

dəmir yolu stansiyası

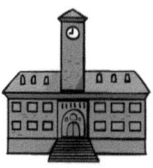

δημαρχείο

bələdiyyə binası

MUSEUM

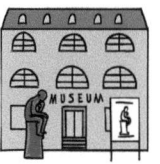

μουσείο

muzey

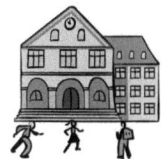

σχολείο

məktəb

πανεπιστήμιο

universitet

τράπεζα

bank

νοσοκομείο

xəstəxana

ξενοδοχείο

mehmanxana

φαρμακείο

aptek

γραφείο

ofis

βιβλιοπωλείο

kitab dükkanı

κατάστημα

dükan

ανθοπωλείο

çiçək dükanı

σούπερ μάρκετ

supermarket

αγορά

bazar

πολυκατάστημα

univermaq

ιχθυοπωλείο

balıq satıcısı

εμπορικό κέντρο

ticarət mərkəzi

λιμάνι

liman

πάρκο

park

παγκάκι

oturacaq

γέφυρα

körpü

σκάλες

pilləkən

μετρό

metro

τούνελ

tunel

στάση λεωφορείου

avtobus dayanacağı

μπαρ

bar

εστιατόριο

restoran

γραμματοκιβώτιο

poçt qutusu

πινακίδα δρόμου

küçə nişanı

παρκόμετρο

parkinq sayğacı

ζωολογικός κήπος

zoopark

πισίνα

üzgüçülük hovuzu

τζαμί

məscid

πόλη - şəhər

αγρόκτημα

ferma

ρύπανση

ətraf mühitin çirklənməsi

νεκροταφείο

məzarlıq

εκκλησία

kilsə

παιδική χαρά

oyun meydançası

ναός

məbəd

τοπίο
mənzərə

φύλλο
yarpaq

πινακίδα κατεύθυνσης
yol nişanı

δρόμος
yol

λιβάδι
çəmən

πέτρα
daş

δέντρο
ağac

πεζοπόρος
piyada səyyah

ποτάμι
çay

χορτάρι
ot

λουλούδι
gül

κοιλάδα
vadi

λόφος
təpə

λίμνη
göl

δάσος
meşə

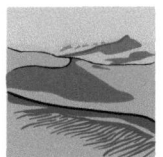

έρημος
səhra

ηφαίστειο
vulkan

κάστρο
qəsr

ουράνιο τόξο
göy qurşağı

μανιτάρι
göbələk

φοίνικας
palma

κουνούπι
ağcaqanad

μύγα
milçək

μυρμήγκι
qarışqa

μέλισσα
arı

αράχνη
hörümçək

σκαθάρι

böcək

βάτραχος

qurbağa

σκίουρος

dələ

σκαντζόχοιρος

kirpi

λαγός

dovşan

κουκουβάγια

bayquş

πουλί

quş

κύκνος

qu quşu

αγριογούρουνο

qaban

ελάφι

maral

άλκη

sığın

φράγμα

su bəndi

ανεμογεννήτρια

külək turbini

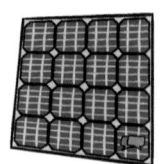

ηλιακός συλλέκτης

günəş batareyası

κλίμα

iqlim

εστιατόριο
restoran

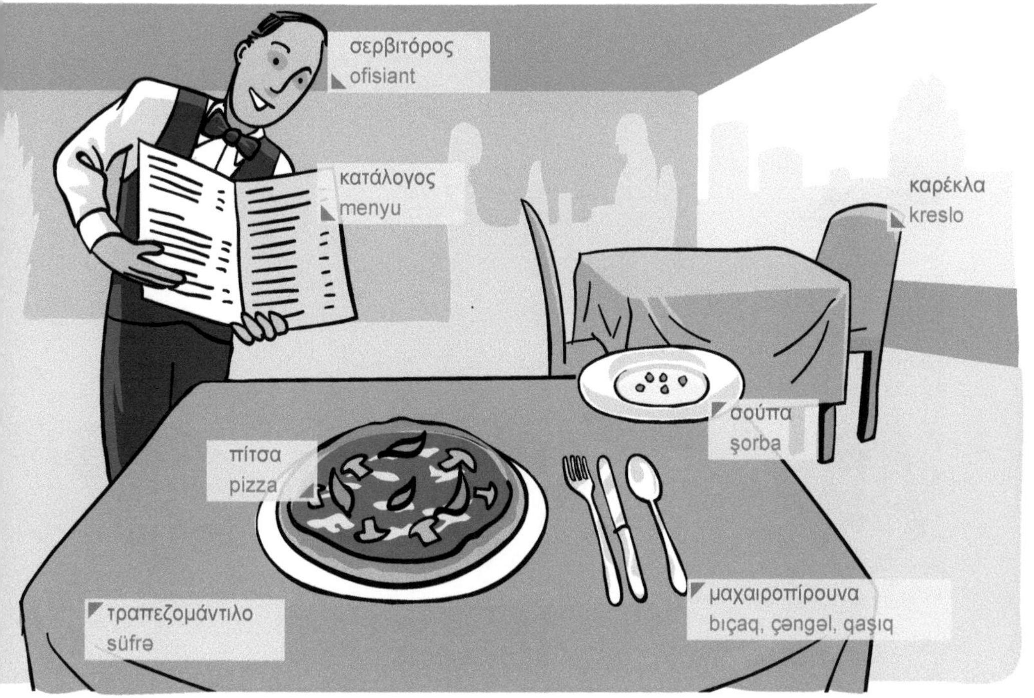
σερβιτόρος
ofisiant
κατάλογος
menyu
καρέκλα
kreslo
σούπα
şorba
πίτσα
pizza
τραπεζομάντιλο
süfrə
μαχαιροπίρουνα
bıçaq, çəngəl, qaşıq

ορεκτικό

mezə

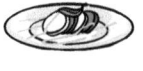

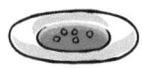

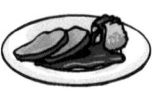

κύριο πιάτο

əsas yemək

επιδόρπιο

desert

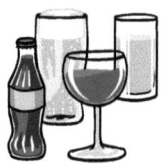

ποτά

içkilər

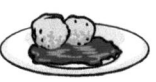

φαγητό

yemək

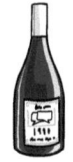

μπουκάλι

şüşə

φαστ φουντ
fast food

φαγητό στ' όρθιο
küçə yeməkləri

τσαγιέρα
çaynik

δοχείο ζάχαρης
qəndqabı

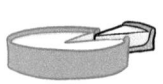

μερίδα
pay

μηχανή εσπρέσο
espresso maşını

ψηλή καρέκλα
hündür uşaq kreslosu

λογαριασμός
faktura

δίσκος
nimçə

μαχαίρι
bıçaq

πιρούνι
çəngəl

κουτάλι
qaşıq

κουταλάκι του τσαγιού
çay qaşığı

πετσέτα φαγητού
salfet

ποτήρι
şüşə

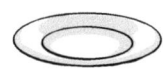

πιάτο

boşqab

πιάτο σούπας

şorba boşqabı

πιατάκι φλιτζανιού

nəlbəki

σάλτσα

sous

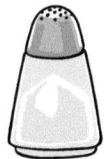

αλατιέρα

duz qabı

μύλος για πιπέρι

bibərüyüdən

ξύδι

sirkə

λάδι

duru yağ

μπαχαρικά

ədviyyat

κέτσαπ

ketçup

μουστάρδα

xardal

μαγιονέζα

mayonez

σούπερ μάρκετ
supermarket

προσφορά
xüsusi təklif
FOR
πελάτης
müştəri
γαλακτοκομικά προϊόντα
süd məhsulları
φρούτα
meyvə
καρότσι για ψώνια
alış-veriş arabası

BUTCHERS

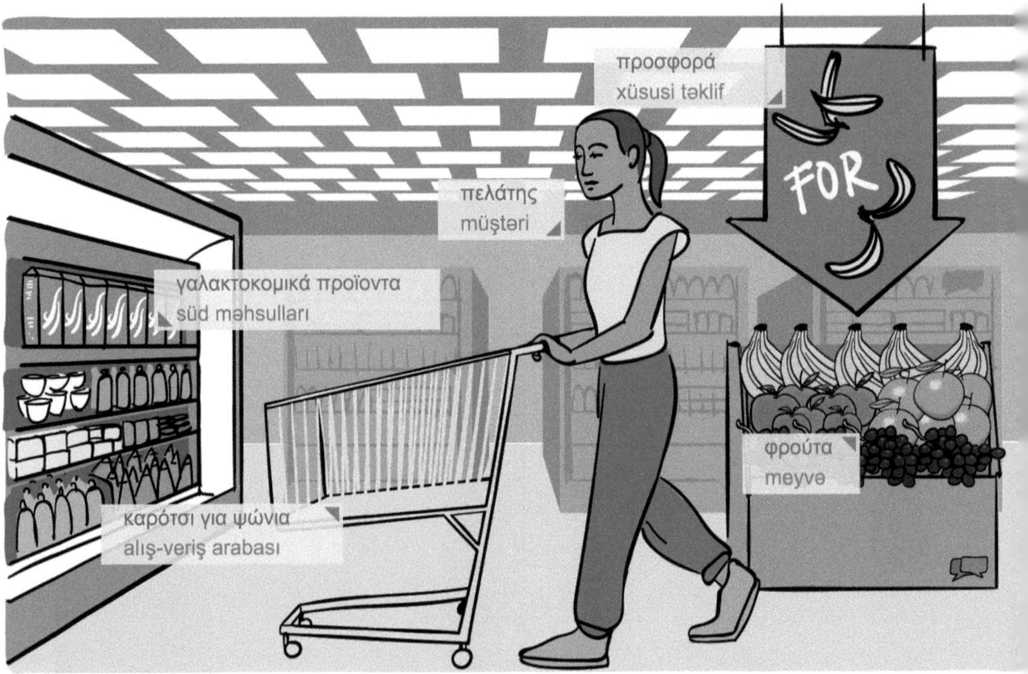

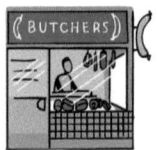

κρεοπωλείο

qəssab dükanı

BAKERY

φούρνος

çörəkçi

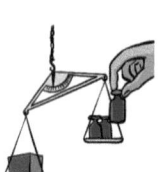

ζυγίζω

çəkmək

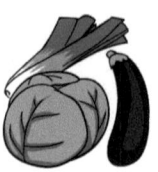

λαχανικά

tərəvəz

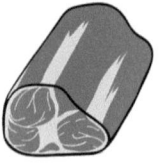

κρέας

ət

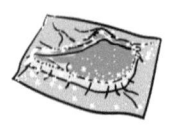

κατεψυγμένα τρόφιμα

dondurulmuş qida

αλλαντικά

soyuq ət yeməyi

κονσερβοποιημένη τροφή

konservləşdirilmiş qida

απορρυπαντικό ρούχων

yuyucu toz

γλυκά

şirniyyat

οικιακά είδη

təsərrüfat malları

καθαριστικά προϊόντα

yuyucu vasitələr

πωλήτρια

satıcı

ταμείο

kassa

ταμίας

kassir

λίστα για ψώνια

alış-veriş siyahısı

ωράριο λειτουργίας

iş saatları

πορτοφόλι

pul kisəsi

πιστωτική κάρτα

kredit kartı

τσάντα

torba

πλαστική σακούλα

plastik torba

νερό

su

χυμός

şirə

γάλα

süd

κόκα κόλα

cola

κρασί

şərab

μπίρα

pivə

αλκοόλ

alkoqollu içkilər

κακάο

kakao

τσάι

çay

καφές

qəhvə

εσπρέσο

espresso

καπουτσίνο

kapuçino

μπανάνα	μήλο	πορτοκάλι
banan	alma	portağal

πεπόνι	λεμόνι	καρότο
yemiş	limon	yerkökü

σκόρδο	μπαμπού	κρεμμύδι
sarımsaq	bambuq	soğan

μανιτάρι	ξηροί καρποί	νουντλς
göbələk	qoz-fındıq	əriştə

μακαρόνια

spagetti

ρύζι

düyü

σαλάτα

salat

πατατάκια

cips

τηγανητές πατάτες

qızardılmış kartof

πίτσα

pizza

χάμπουργκερ

hamburger

σάντουιτς

sandviç

κοτολέτα

eskalop

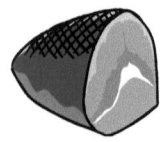

ζαμπόν

hisə verilmiş donuz əti

σαλάμι

salyami

λουκάνικο

kolbasa

κοτόπουλο

toyuq

ψητό

qızardılmış ət tikəsi

ψάρι

balıq

χυλός βρώμης

yulaf yarması

μούσλι

müsli

κορν φλέικς

partlaq qarğıdalı

αλεύρι

un

κρουασάν

kruassan

ψωμάκι

bulka

ψωμί

çörək

τοστ

tost

μπισκότα

peçenye

βούτυρο

kərə yağı

τυρόπηγμα

kəsmik

κέικ

tort

αυγό

yumurta

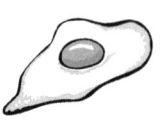

τηγανητό αυγό

qayğanaq

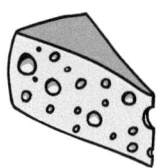

τυρί

pendir

φαγητό - yemək

παγωτό

dondurma

ζάχαρη

şəkər

μέλι

bal

μαρμελάδα

mürəbbə

άλλειμμα σοκολάτας

şokolad pastası

κάρυ

köri

αγρόκτημα
ferma

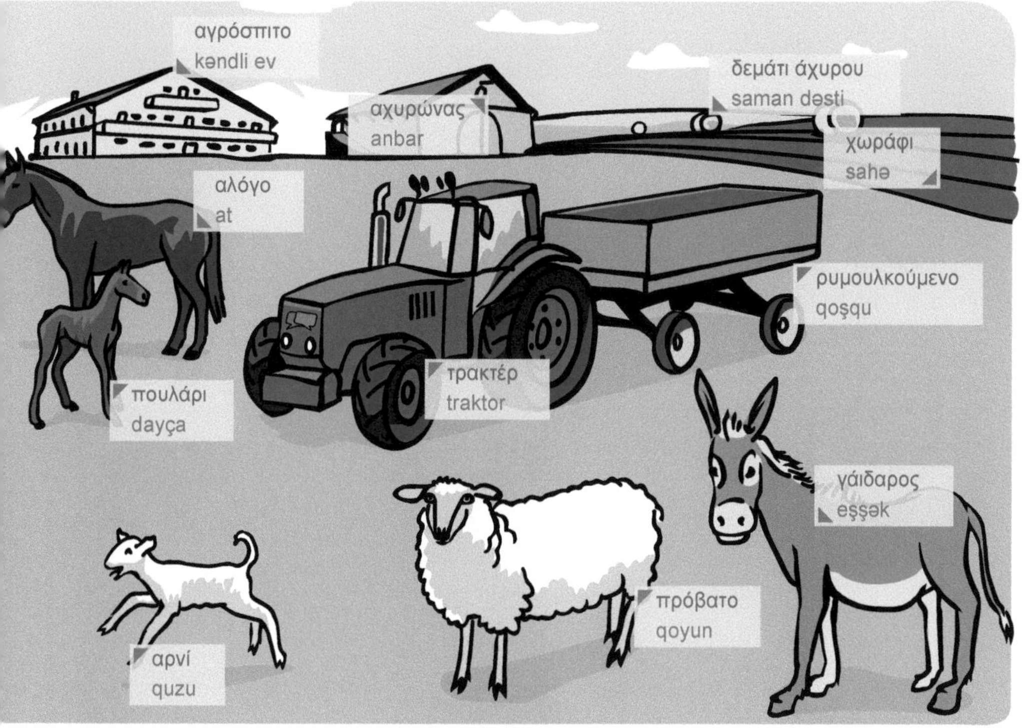
αγρόσπιτο
kəndli ev
δεμάτι άχυρου
saman dəsti
αχυρώνας
anbar
χωράφι
sahə
αλόγο
at
ρυμουλκούμενο
qoşqu
πουλάρι
dayça
τρακτέρ
traktor
γάιδαρος
eşşək
πρόβατο
qoyun
αρνί
quzu

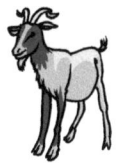

κατσίκα

keçi

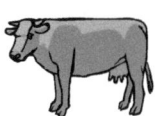

αγελάδα

inək

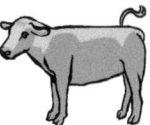

μοσχαράκι

dana

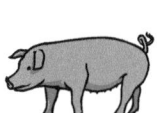

γουρούνι

donuz

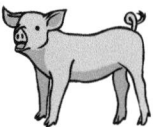

γουρουνάκι

donuz balası

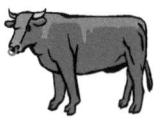

ταύρος

öküz

χήνα
qaz

πάπια
ördək

κοτοπουλάκι
cücə

κότα
toyuq

κόκορας
xoruz

αρουραίος
siçovul

γάτα
pişik

ποντίκι
siçan

βόδι
öküz

σκύλος
it

σπιτάκι σκύλου
itdamı

λάστιχο κήπου
bağ şlanqı

ποτιστήρι
susəpən

θεριστήρι
dəryaz

αλέτρι
kotan

δρεπάνι

oraq

τσάπα

kətman

δίκρανο

yaba

τσεκούρι

balta

χειράμαξα

əl arabası

ταΐστρα

çalov

δοχείο γάλακτος

süd bidonu

σάκος

çuval

φράχτης

çəpər

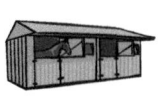

στάβλος

tövlə

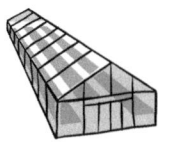

θερμοκήπιο

istixana

έδαφος

torpaq

σπόρος

toxum

λίπασμα

gübrə

θεριζοαλωνιστική μηχανή

taxılbiçən kombayn

θερίζω

məhsul yığmaq

συγκομιδή

məhsul yığımı

γιαμς

yam

σιτάρι

buğda

σόγια

soya

πατάτα

kartof

καλαμπόκι

dən

κράμβη

raps

οπωροφόρο δέντρο

meyvə ağacı

μανιόκα

maniok

δημητριακά

yarma

αγρόκτημα - ferma

σπίτι
ev

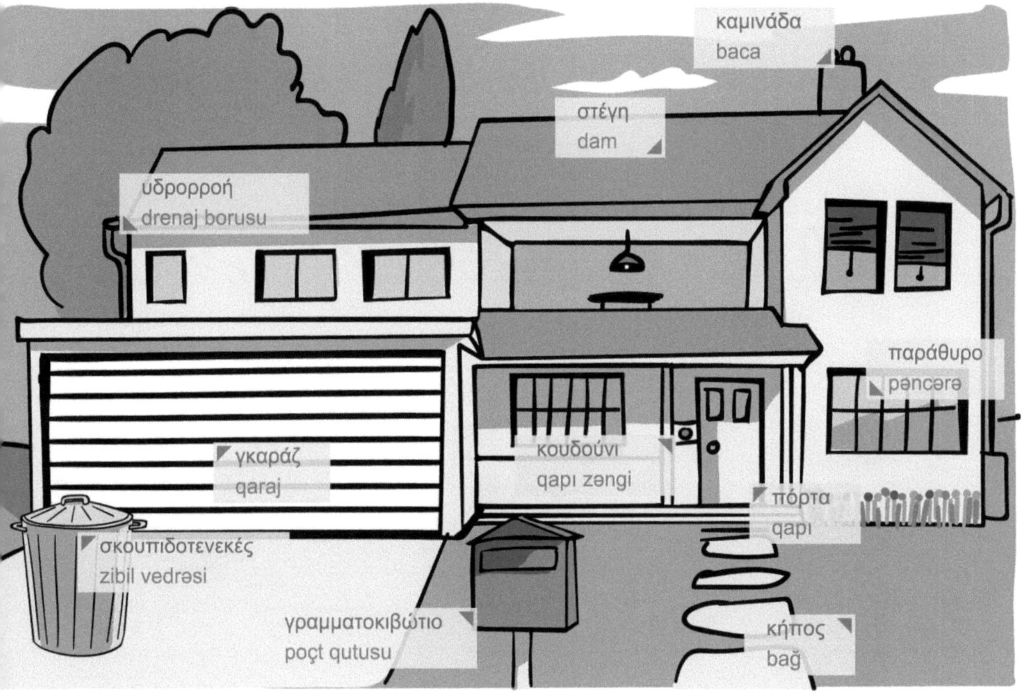

καμινάδα
baca
στέγη
dam
υδρορροή
drenaj borusu
παράθυρο
pəncərə
γκαράζ
qaraj
κουδούνι
qapı zəngi
πόρτα
qapı
σκουπιδοτενεκές
zibil vedrəsi
γραμματοκιβώτιο
poçt qutusu
κήπος
bağ

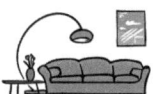

σαλόνι
qonaq otağı

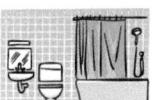

μπάνιο
hamam otağı

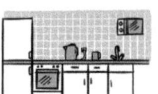

κουζίνα
mətbəx

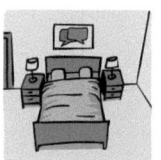

υπνοδωμάτιο
yataq otağı

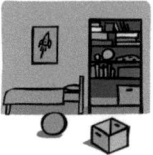

παιδικό δωμάτιο
uşaq otaqı

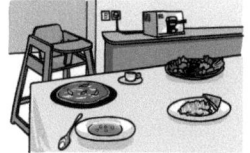

τραπεζαρία
yemək otağı

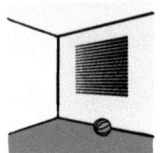

πάτωμα

döşəmə

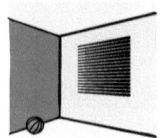

τοίχος

divar

οροφή

tavan

κελάρι

zirzəmi

σάουνα

sauna

μπαλκόνι

balkon

βεράντα

terras

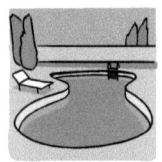

πισίνα

üzgüçülük hovuzu

μηχανή του γκαζόν

otbiçən maşın

σεντόνι

mələfə

κάλυμμα κρεβατιού

yataq örtüyü

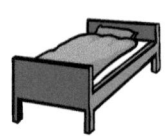

κρεβάτι

yataq

σκούπα

süpürgə

κουβάς

vedrə

διακόπτης

elektrik açarı

σαλόνι
qonaq otağı

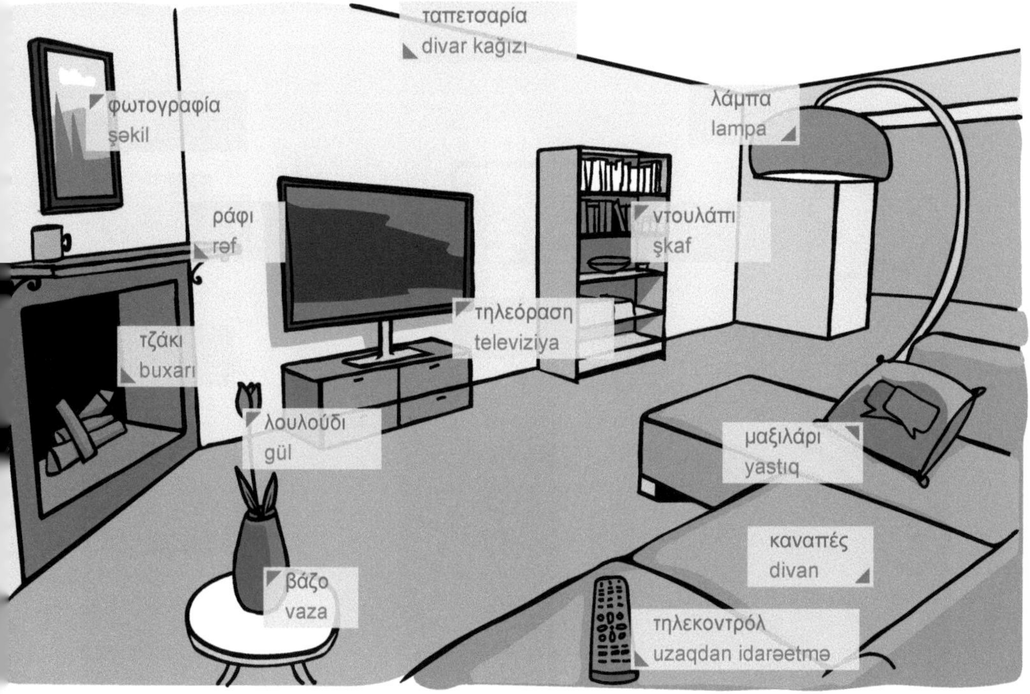

ταπετσαρία
divar kağızı
φωτογραφία
şəkil
λάμπα
lampa
ράφι
rəf
ντουλάπι
şkaf
τηλεόραση
televiziya
τζάκι
buxarı
λουλούδι
gül
μαξιλάρι
yastıq
καναπές
divan
βάζο
vaza
τηλεκοντρόλ
uzaqdan idarəetmə

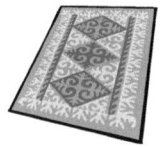

χαλί

xalça

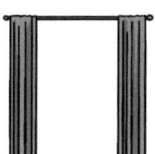

κουρτίνα

pərdə

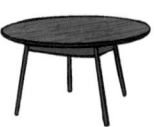

τραπέζι

masa

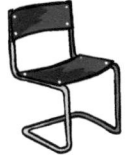

καρέκλα

kreslo

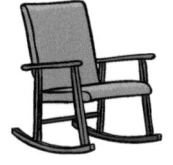

κουνιστή πολυθρόνα

yırğalanan stul

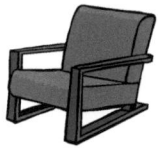

πολυθρόνα

kreslo

βιβλίο
kitab

κουβέρτα
yorğan

διακόσμηση
bəzək

καυσόξυλα
odun

ταινία
film

στερεοφωνικό σύστημα
stereo səs sistemi

κλειδί
açar

εφημερίδα
qəzet

πίνακας ζωγραφικής
rəsm əsəri

αφίσα
plakat

ραδιόφωνο
radio

σημειωματάριο
bloknot

ηλεκτρική σκούπα
tozsoran

κάκτος
kaktus

κερί
şam

κουζίνα
mətbəx

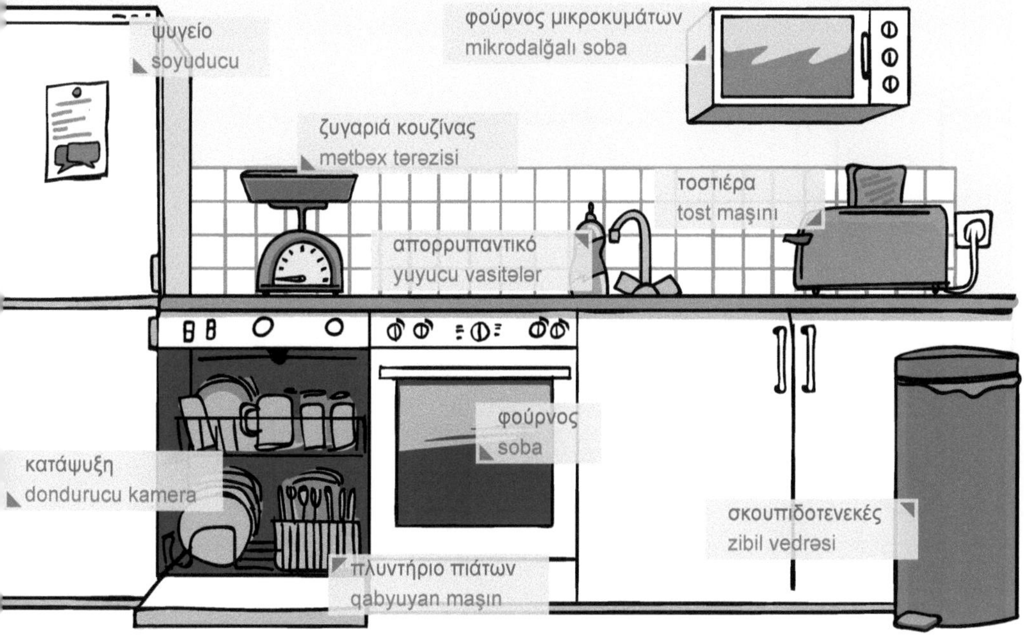
ψυγείο
soyuducu
φούρνος μικροκυμάτων
mikrodalğalı soba
ζυγαριά κουζίνας
mətbəx tərəzisi
τοστιέρα
tost maşını
απορρυπαντικό
yuyucu vasitələr
φούρνος
soba
κατάψυξη
dondurucu kamera
σκουπιδοτενεκές
zibil vedrəsi
πλυντήριο πιάτων
qabyuyan maşın

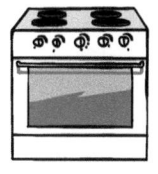

κουζίνα

soba

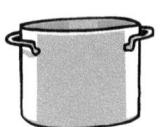

κατσαρόλα

qazan

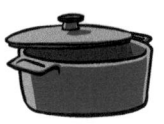

μαντεμένια κατσαρόλα

çuqun qazan

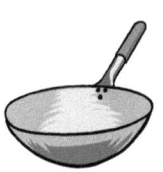

γουόκ/καντάι

vok / kadai

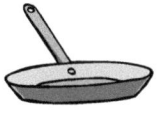

τηγάνι

tava

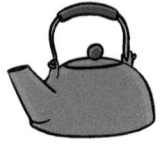

βραστήρας

çaydan

ατμομάγειρας

buxar qazanı

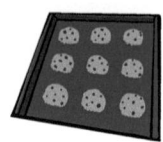

ταψί

sac

πιατικά

qab

κούπα

fincan

μπολ

ləyən

ξυλάκια

yemək üçün çubuqlar

κουτάλα

çömçə

σπάτουλα

spatula

ανακατεύω

çırpıcı

σουρωτήρι

süzgəc

σουρωτηράκι

ələk

τρίφτης

sürtgəc

γουδί

həvəngdəstə

ψησταριά

barbekyu

ανοιχτή φωτιά

ocaq

σανίδα κοπής

doğrama taxtası

πλάστης

oxlov

ανοιχτήρι φελλών

probkaçıxaran

κονσέρβα

banka

ανοιχτήρι κονσέρβας

bankaağzıaçan

γάντι φούρνου

qabtutan

νεροχύτης

əl üz yuyan

βούρτσα

fırça

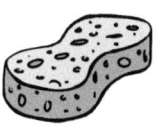

σφουγγάρι

süngər

μπλέντερ

blender

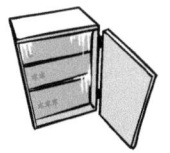

καταψύκτης

dondurucu

μπιμπερό

körpə şüşəsi

βρύση

kran

μπάνιο
hamam otağı

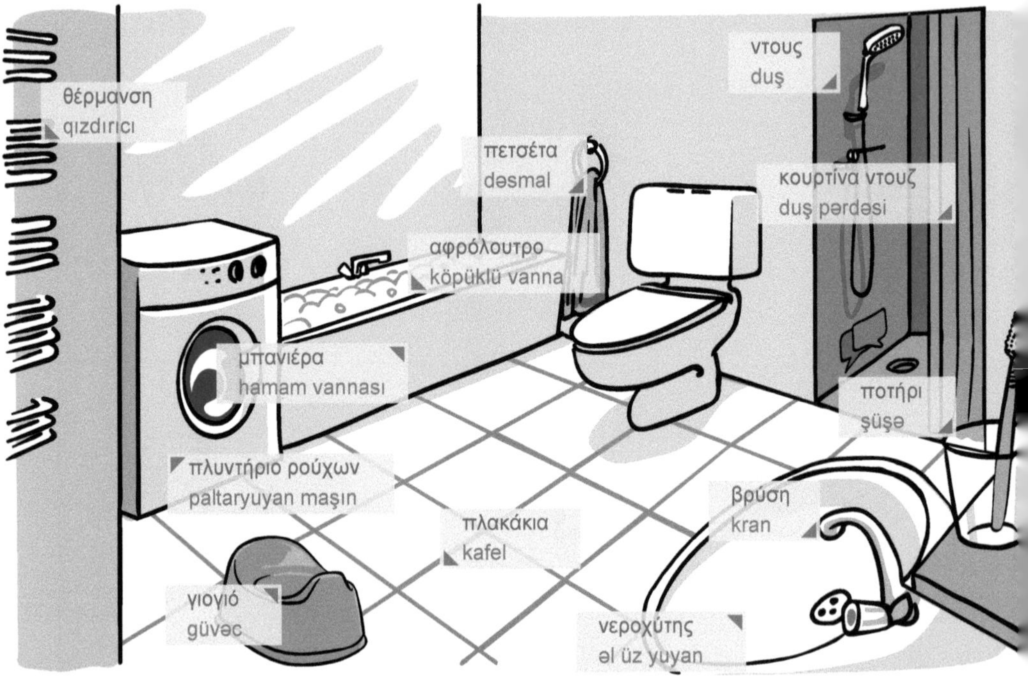

θέρμανση
qızdırıcı
πετσέτα
dəsmal
ντους
duş
κουρτίνα ντους
duş pərdəsi
αφρόλουτρο
köpüklü vanna
μπανιέρα
hamam vannası
ποτήρι
şüşə
πλυντήριο ρούχων
paltaryuyan maşın
βρύση
kran
πλακάκια
kafel
γιογιό
güvəc
νεροχύτης
əl üz yuyan

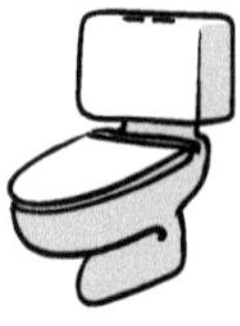

τουαλέτα

tualet

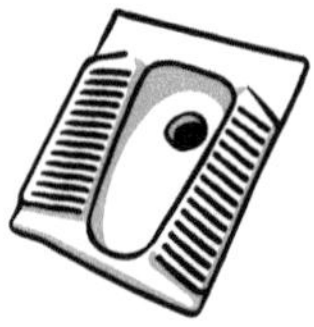

τούρκικη τουαλέτα

çömbəlmə tualet

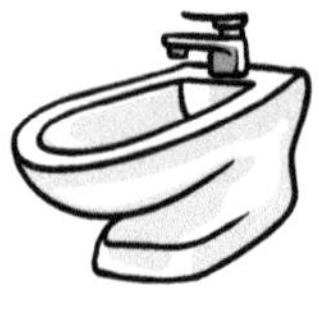

μπιντές

bide

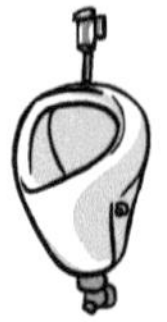

ουρητήριο

urinal

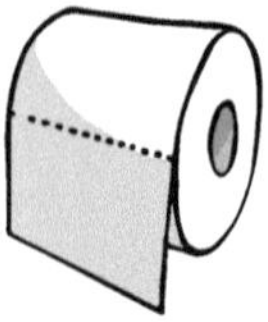

χαρτί υγείας

tualet kağızı

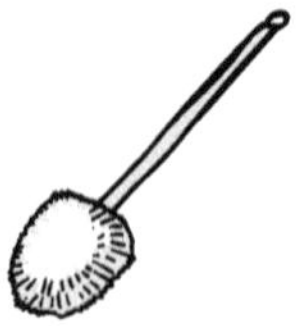

πιγκάλ

tualet fırçası

οδοντόβουρτσα

diş fırçası

οδοντόκρεμα

diş pastası

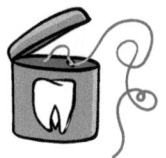

οδοντικό νήμα

diş ipi

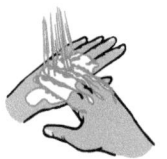

πλένω

yumaq

τηλέφωνο ντους

əl duşu

ντουσιέρα

intim duş

λεκάνη

taz

βούρτσα πλάτης

bel fırçası

σαπούνι

sabun

αφρόλουτρο

duş üçün gel

σαμπουάν

şampun

φανέλα

əsgi

σιφόνι

drenaj

κρέμα

krem

αποσμητικό

dezodorant

καθρέφτης

güzgü

καθρέφτης χειρός

əl güzgüsü

ξυραφάκι

ülgüc

αφρός ξυρίσματος

üz qırxmaq üçün köpük

αφτερσέιβ

təraşdan sonra su

χτένα

daraq

βούρτσα

fırça

σεσουάρ

fen

λακ

saç spreyi

μακιγιάζ

makiyaj

κραγιόν

dodaq boyası

βερνίκι νυχιών

dırnaq lakı

βαμβάκι

pambıq

ψαλίδι νυχιών

dırnaq qayçısı

άρωμα

ətir

νεσεσέρ

gigiyenik torba

σκαμπό

kətil

ζυγαριά

tərəzi

μπουρνούζι

hamam xalatı

ελαστικά γάντια

rezin əlcək

ταμπόν

tampon

πετσέτα υγιεινής

gigiyenik salfet

χημική τουαλέτα

kimyəvi tualet

παιδικό δωμάτιο

uşaq otaqı

ξυπνητήρι
zəngli saat
λούτρινο ζωάκι
yumşaq oyuncaq
αυτοκινητάκι
oyuncaq avtomobil
κουδουνίστρα
cingilti
κουκλόσπιτο
kukla evciyi
δώρο
hədiyyə

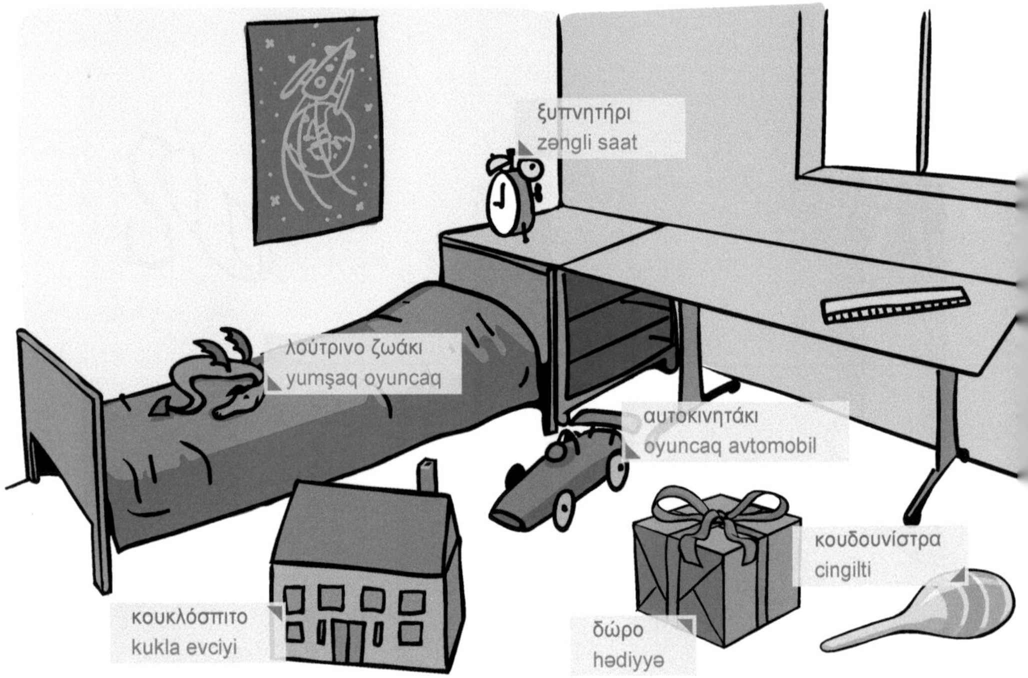

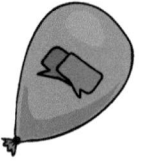

μπαλόνι

balon

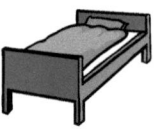

κρεβάτι

yataq

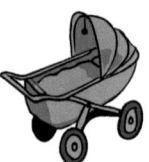

καροτσάκι

uşaq arabası

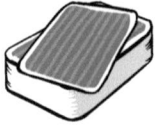

τράπουλα

kart dəsti

παζλ

elektrik mişarı

SUPER
MEGA

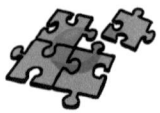

κόμικς

komik

τουβλάκια lego

leqo kərpici

τουβλάκια κατασκευών

konstruktor blokları

φιγούρα δράσης

oyuncaq-personaj

βρεφικό φορμάκι

yeni doğulmuş körpələr
üçün geyimi

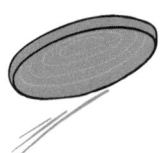

φρίσμπι

frisbi

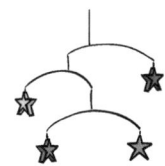

μόμπιλο

yataq üstünə asılan körpə
oyuncağı

επιτραπέζιο παιχνίδι

masaüstü oyun

ζάρια

zər

σετ τρενάκι

oyuncaq qatar

πιπίλα

emzik

πάρτι

qonaqlıq

εικονογραφημένο βιβλίο

rəsmli kitab

μπάλα

top

κούκλα

kukla

παίζω

oynamaq

σκάμμα με άμμο

qum qutusu

κούνια

yelləncək

παιχνίδια

oyuncaqlar

κονσόλα βιντεοπαιχνιδιών

video oyun konsolu

τρίκυκλο

üç təkərli velosiped

αρκουδάκι

plüşdən hazırlanmış
oyuncaq ayı

ντουλάπα

şkaf

ρούχα

geyim

κάλτσες

corab

καλτσοδέτες

corab

καλσόν

kalqotka

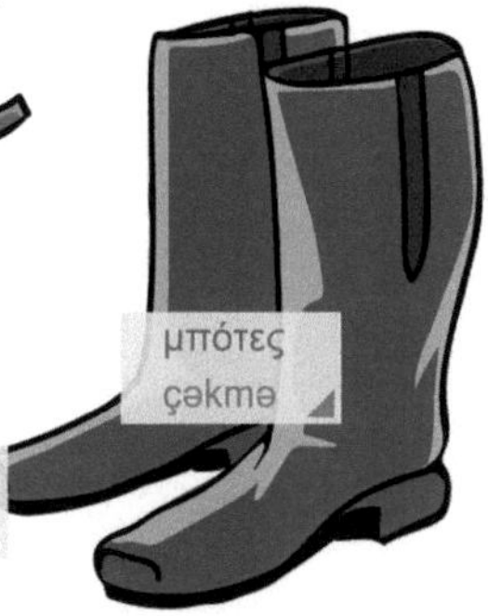

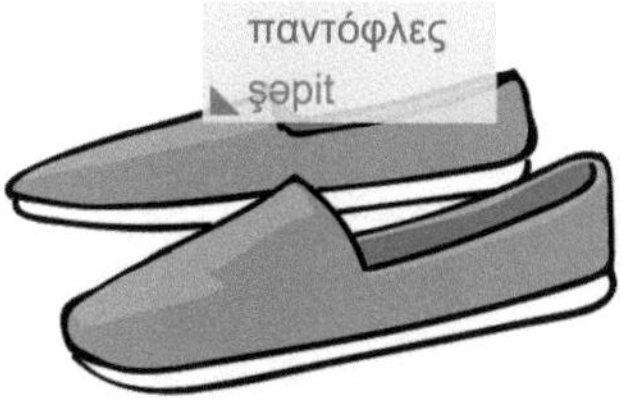

κασκόλ
kaşne

ομπρέλα
çətir

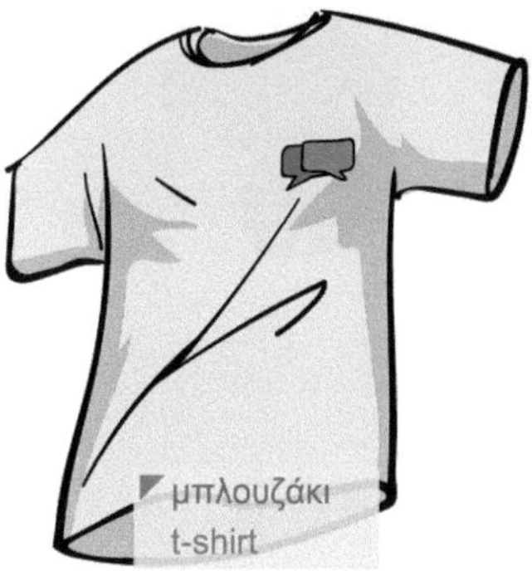

ζώνη
kəmər

μπλουζάκι
t-shirt

μπότες
çəkmə

παντόφλες
şəpit

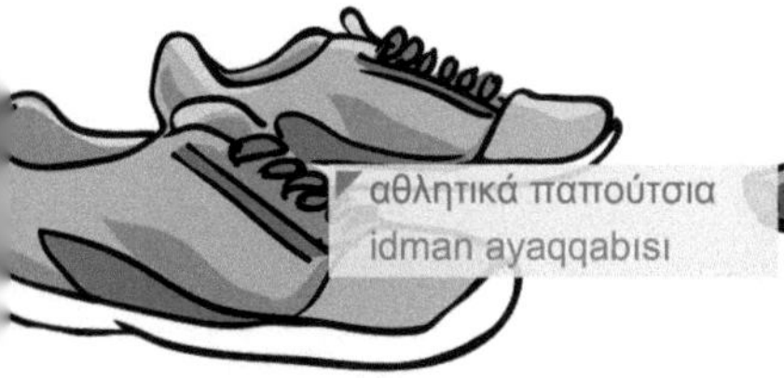

αθλητικά παπούτσια
idman ayaqqabısı

σανδάλια
....
sandallar

παπούτσια
....
ayaqqabı

γαλότσες
....
rezin çəkmələr

εσώρουχο
....
dizlik

σουτιέν
....
lifçik

φανέλα
....
alt köynəyi

σώμα

alt paltarı

παντελόνι

şalvar

τζιν παντελόνι

cins

φούστα

yubka

μπλούζα

bluza

πουκάμισο

köynək

πουλόβερ

sviter

πουλόβερ

başlıqlı idman gödəkçəsi

σακάκι

gödəkçə

μπουφάν

gödəkcə

παλτό

pencək

αδιάβροχο πανωφόρι

plaş

κοστούμι

kostyum

φόρεμα

paltar

νυφικό

gəlin paltarı

κοστούμι
kostyum

νυχτικό
gecə köynəyi

πιτζάμες
pijama

σάρι
sari

μαντήλι
hicab / eşarp

τουρμπάνι
çalma

μπούρκα
burka

καφτάνι
kaftan

μουσουλμανικό ένδυμα
abaya

ολόσωμο μαγιό
çimərlik geyimi

ανδρικό μαγιό
tumuş

σορτς
şort

αθλητική φόρμα
məşq kostyumu

ποδιά
önlük

γάντια
əlcək

κουμπί

düymə

γυαλιά

eynək

βραχιόλι

bilərzik

περιδέραιο

boyunbağı

δαχτυλίδι

üzük

σκουλαρίκι

sırğa

καπέλο

papaq

κρεμάστρα

asılqan

καπέλο

papaq

γραβάτα

qalstuk

φερμουάρ

zəncirbənd

κράνος

dəbilqə

τιράντες

aşırma

μαθητική στολή

məktəb uniforması

στολή

uniforma

σαλιάρα

döşlük

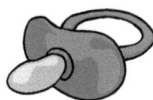

πιπίλα

emzik

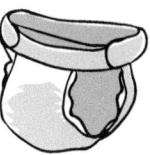

πάνα

körpə bezi

γραφείο
ofis

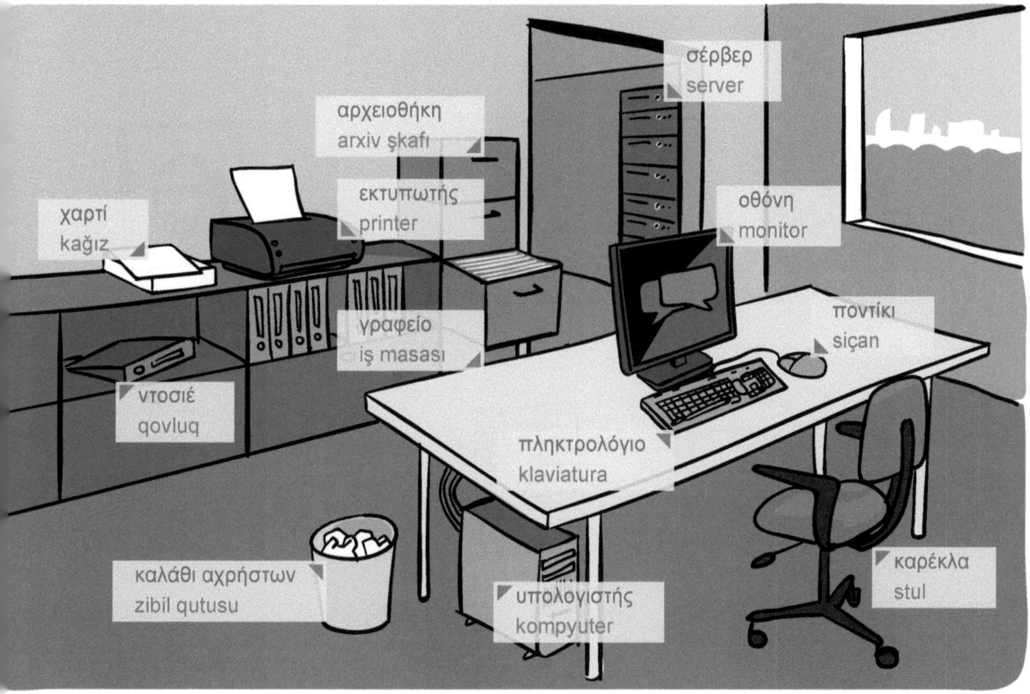

σέρβερ
server

αρχειοθήκη
arxiv şkafı

εκτυπωτής
printer

οθόνη
monitor

χαρτί
kağız

γραφείο
iş masası

ποντίκι
siçan

ντοσιέ
qovluq

πληκτρολόγιο
klaviatura

καλάθι αχρήστων
zibil qutusu

υπολογιστής
kompyuter

καρέκλα
stul

κούπα του καφέ

qəhvə fincanı

κομπιουτεράκι

kalkulyator

ίντερνετ

internet

λάπτοπ

laptop

γράμμα

məktub

μήνυμα

mesaj

κινητό

mobil telefon

δίκτυο

şəbəkə

φωτοτυπικό μηχάνημα

surətçıxaran maşın

λογισμικό

proqram təminatı

τηλέφωνο

telefon

πρίζα

ştepsel

συσκευή φαξ

faks

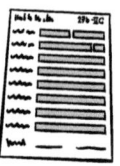

έντυπο

forma

έγγραφο

sənəd

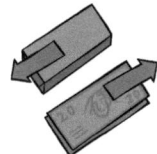

αγοράζω

satın almaq

πληρώνω

ödəmək

συναλλάσσομαι

alverlə məşğul olmaq

χρήματα

pul

δολάριο

dollar

ευρώ

avro

γιεν

yen

ρούβλι

rubl

ελβετικό φράγκο

frank

ρενμίνμπι γιουάν

renminbi yuan

ρουπία

rupi

ATM (αυτόματη ταμειακή μηχανή)

bankomat

ανταλλακτήρια συναλλάγματος

valyuta mübadiləsi məntəqəsi

χρυσός

qızıl

ασήμι

gümüş

πετρέλαιο

neft

ενέργεια

enerji

τιμή

qiymət

συμβόλαιο

müqavilə

φόρος

vergi

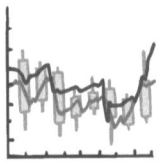

μετοχή

səhm

δουλεύω

işləmək

υπάλληλος

işçi

εργοδότης

işəgötürən

εργοστάσιο

fabrik

κατάστημα

dükan

επαγγέλματα

peşə

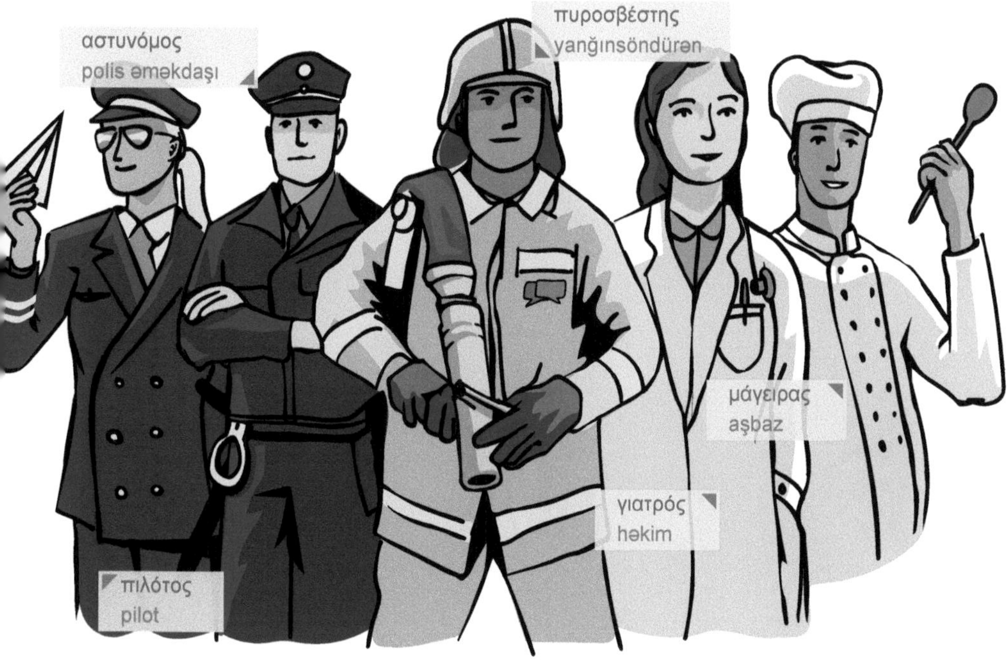

αστυνόμος
polis əməkdaşı
πυροσβέστης
yanğınsöndürən
μάγειρας
aşbaz
γιατρός
həkim
πιλότος
pilot

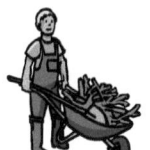

κηπουρός

bağban

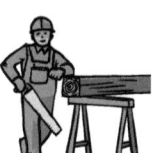

ξυλουργός

dülgər

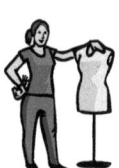

μοδίστρα

dərzi

δικαστής

hakim

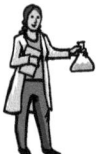

χημικός

kimyaçı

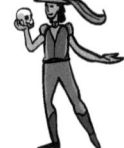

ηθοποιός

aktyor

οδηγός λεωφορείου

avtobus sürücüsü

ταξιτζής

taksi sürücüsü

ψαράς

balıqçı

καθαρίστρια

xadimə

τεχνίτης στεγών

dam işçisi

σερβιτόρος

ofisiant

κυνηγός

ovçu

ζωγράφος

rəssam

αρτοποιός

çörəkçi

ηλεκτρολόγος

elektrik ustası

οικοδόμος

inşaat işçisi

μηχανολόγος

mühəndis

κρεοπώλης

qəssab

υδραυλικός

santexnik

ταχυδρόμος

poçtalyon

στρατιώτης

əsgər

αρχιτέκτονας

memar

ταμίας

kassir

ανθοπώλης

gül-çiçək satıcısı

κομμωτής

bərbər

ελεγκτής εισιτηρίων

konduktor

μηχανικός

mexanik

καπετάνιος

kapitan

οδοντίατρος

diş həkimi

επιστήμονας

alim

ραβίνος

ravvin

ιμάμης

imam

μοναχός

rahib

ιερέας

keşiş

εργαλεία
alətlər

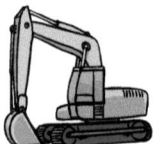

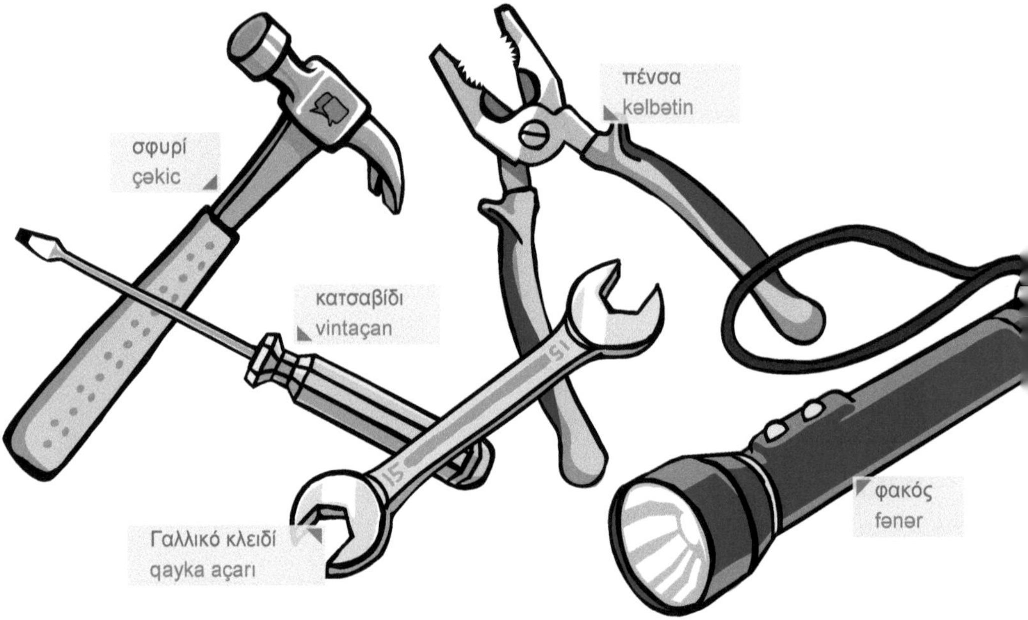
σφυρί
çəkic
πένσα
kəlbətin
κατσαβίδι
vintaçan
Γαλλικό κλειδί
qayka açarı
φακός
fənər

εκσκαφέας
ekskavator

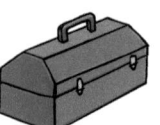

εργαλειοθήκη
alətlər qutusu

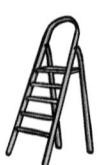

σκάλα
nərdivan

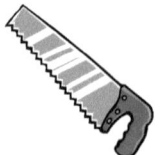

πριόνι
mişar

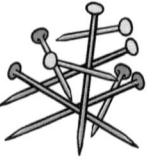

καρφιά
dırnaqlar

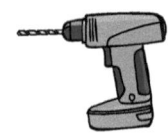

τρυπάνι
drel

επισκευάζω

təmir etmək

φτυάρι

kürək

Να πάρει!

Lənət olsun!

φαράσι

xəkəndaz

δοχείο χρωμάτων

boya vedrəsi

βίδες

vintlər

μουσικά όργανα
musiqi alətləri

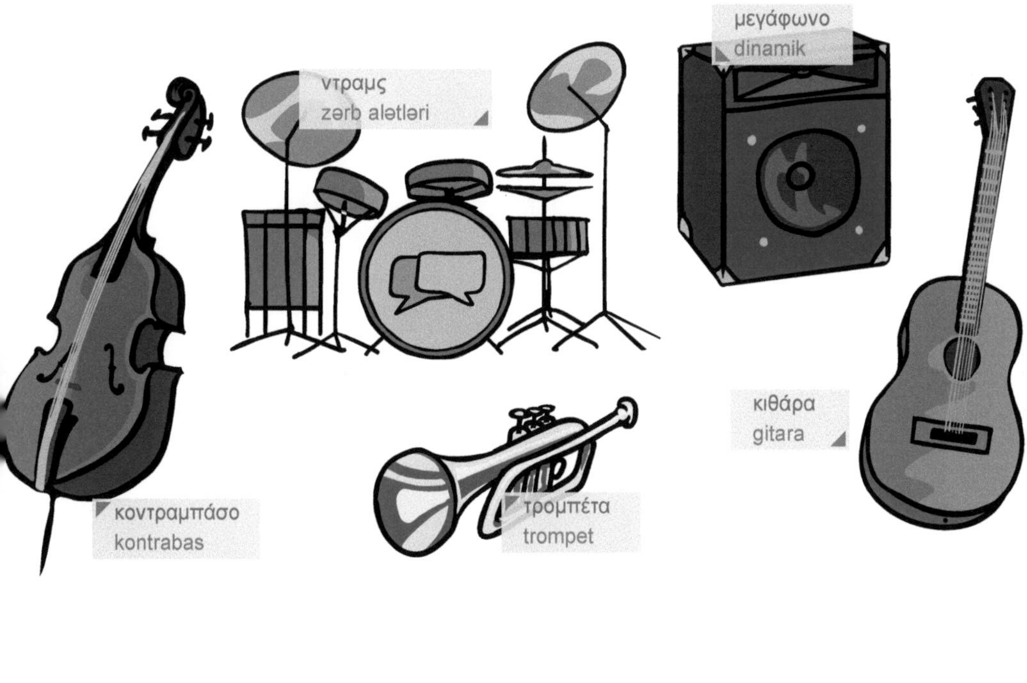

ντραμς
zərb alətləri

μεγάφωνο
dinamik

κιθάρα
gitara

κοντραμπάσο
kontrabas

τρομπέτα
trompet

πιάνο

fortepiano

βιολί

skripka

μπάσο

bas

τύμπανα

timpani

τύμπανο

nağara

πλήκτρα

sintezator

σαξόφωνο

saksafon

φλάουτο

fleyta

μικρόφωνο

mikrofon

ζωολογικός κήπος
zoopark

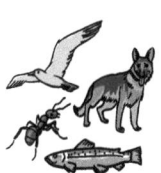

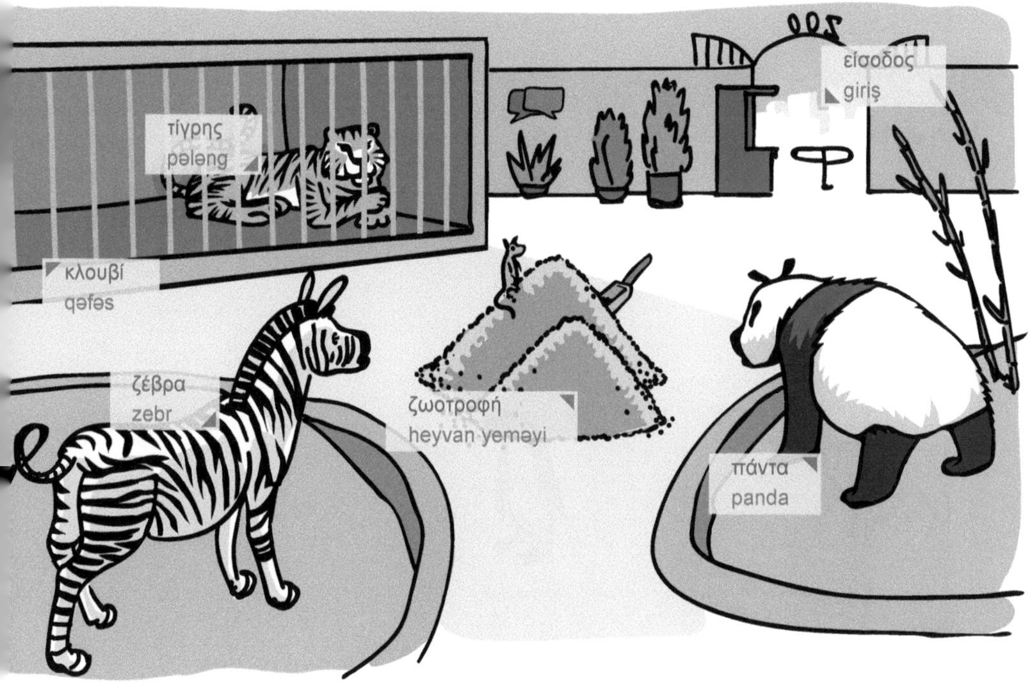

zoo
είσοδος
giriş
τίγρης
pələng
κλουβί
qəfəs
ζέβρα
zebr
ζωοτροφή
heyvan yeməyi
πάντα
panda

ζώα
heyvanlar

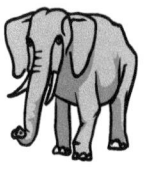

ελέφαντας
fil

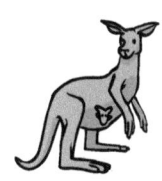

καγκουρό
kenquru

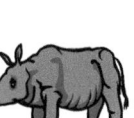

ρινόκερος
kərgədan

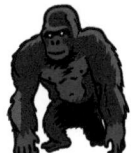

γορίλας
qorilla

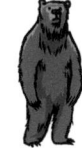

αρκούδα
ayı

καμήλα

dəvə

στρουθοκάμηλος

dəvəquşu

λιοντάρι

aslan

πίθηκος

meymun

φλαμίνγκο

flamingo

παπαγάλος

tutuquşu

πολική αρκούδα

qütb ayısı

πιγκουίνος

pinqvin

καρχαρίας

köpəkbalığı

παγώνι

tovuz

φίδι

ilan

κροκόδειλος

timsah

φύλακας ζωολογικού κήπου

zoopark işçisi

φώκια

suiti

τζάγκουαρ

yaquar

πόνυ

poni

λεοπάρδαλη

bəbir

ιπποπόταμος

hippopotam

καμηλοπάρδαλη

zürafə

αετός

qartal

αγριογούρουνο

qaban

ψάρι

balıq

χελώνα

tısbağa

θαλάσσιος ίππος

morj

αλεπού

tülkü

γαζέλα

ceyran

Αμερικάνικο ποδόσφαιρο
amerikan futbolu

ποδηλασία
velosiped sürmək

αντισφαίριση
tennis

μπάσκετ
basketbol

κολύμβηση
üzgüçülük

πυγχαμία
boks

χόκεϋ επί πάγου
buz xokkeyi

ποδόσφαιρο
futbol

μπάντμιντον
badminton

στίβος
yüngül atletika

χάντμπολ
həndbol

σκι
xizək

πόλο
polo

δραστηριότητες
fəaliyyət

γελάω
gülmək
πηδάω
tullanmaq
αγκαλιάζω
qucaqlaşmaq
περπατάω
getmək
τραγουδάω
oxumaq
ονειρεύομαι
yuxu görmək
προσεύχομαι
dua etmək
φιλάω
öpüşmək

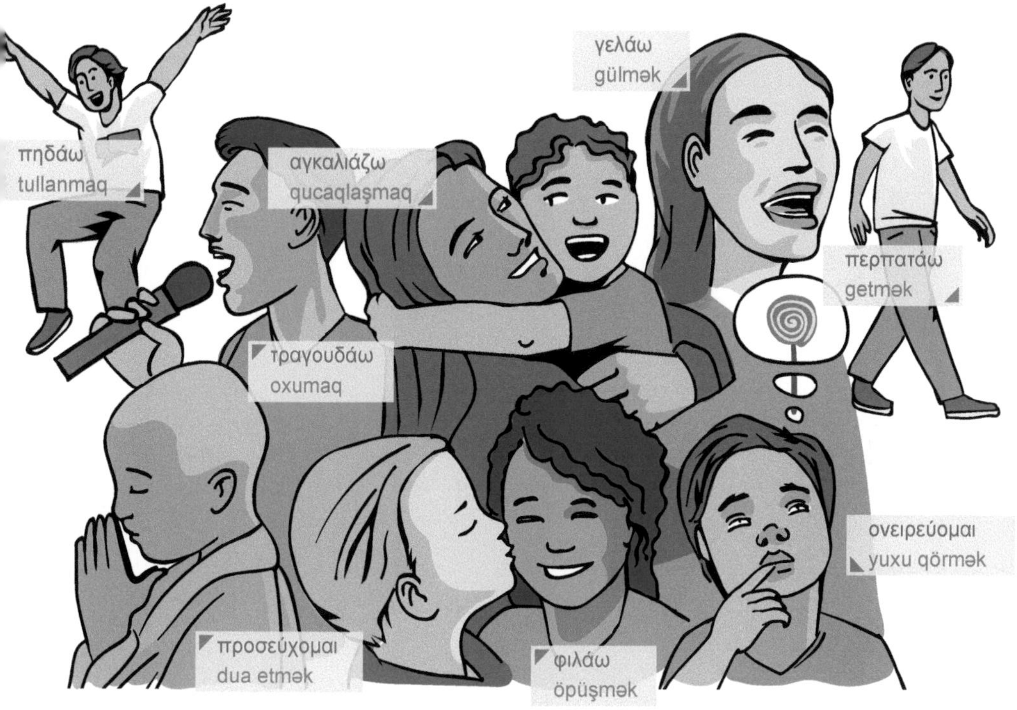

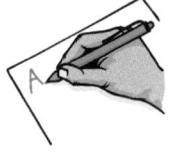

γράφω

yazmaq

σχεδιάζω

çəkmək

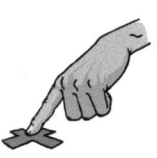

δείχνω

göstərmək

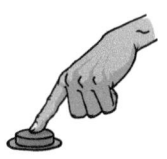

πιέζω

itələmək

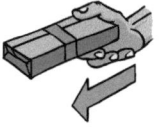

δίνω

vermək

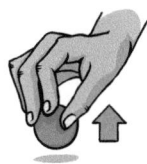

παίρνω

götürmək

έχω

sahibi olmaq

κάνω

etmək

είμαι

olmaq

στέκομαι

durmaq

τρέχω

qaçmaq

τραβάω

çəkmək

ρίχνω

atmaq

πέφτω

düşmək

ξαπλώνω

uzanmaq

περιμένω

gözləmək

κουβαλώ

daşımaq

κάθομαι

oturmaq

φοράω

geyinmək

κοιμάμαι

yatmaq

ξυπνάω

ayılmaq

κοιτάω

baxmaq

κλαίω

ağlamaq

χαϊδεύω

sığallamaq

χτενίζω

daramaq

μιλάω

danışmaq

καταλαβαίνω

anlamaq

ρωτάω

soruşmaq

ακούω

dinləmək

πίνω

içmək

τρώω

yemək

συγυρίζω

təmizləmək

αγαπάω

sevmək

μαγειρεύω

bişirmək

οδηγώ

sürmək

πετάω

uçmaq

κάνω ιστιοπλοΐα

üzmək

υπολογίζω

hesablamaq

διαβάζω

oxumaq

μαθαίνω

öyrənmək

δουλεύω

işləmək

παντρεύομαι

evlənmək

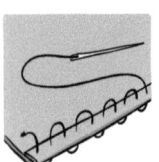

ράβω

tikmək

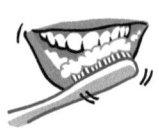

βουρτσίζω τα δόντια

dişləri təmizləmək

σκοτώνω

öldürmək

καπνίζω

siqaret çəkmək

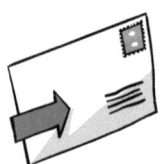

στέλνω

göndərmək

γιαγιά
nənə

παππούς
baba

πατέρας
ata

μητέρα
ana

μωρό
körpə

κόρη
qız

γιος
oğul

καλεσμένος

qonaq

θεία

xala/bibi

θείος

əmi/dayı

αδελφός

qardaş

αδελφή

bacı

σώμα
bədən

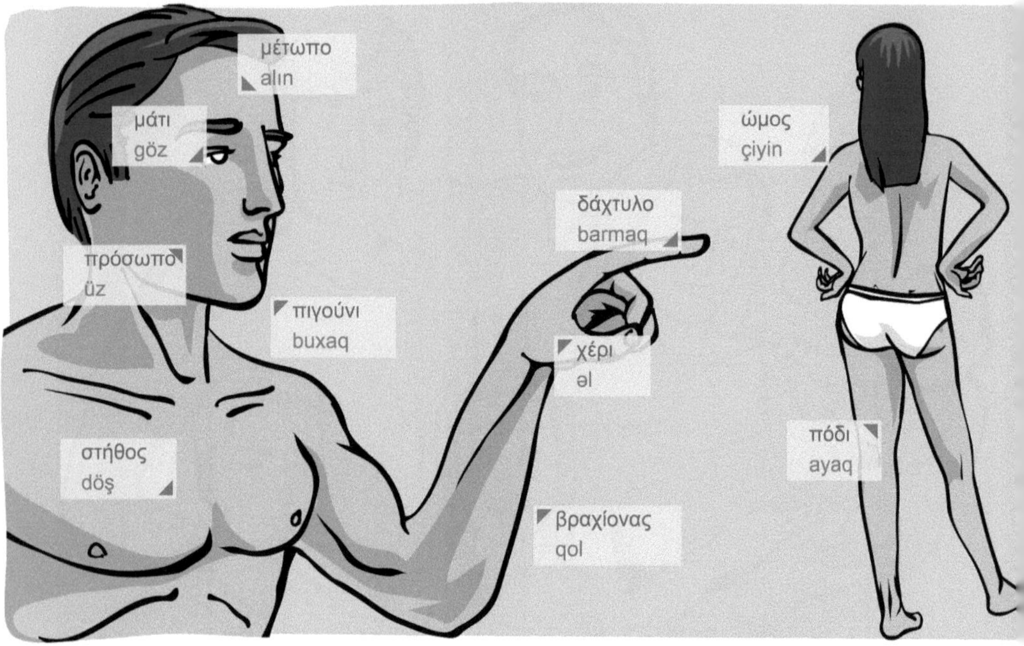

μέτωπο
alın
μάτι
göz
πρόσωπο
üz
πιγούνι
buxaq
στήθος
döş
δάχτυλο
barmaq
χέρι
əl
βραχίονας
qol
ώμος
çiyin
πόδι
ayaq

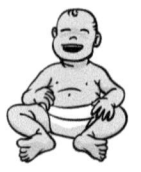

μωρό
körpə

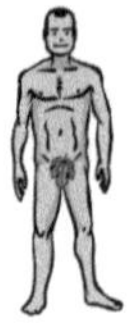
άνδρας
kişi

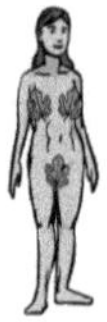
γυναίκα
qadın

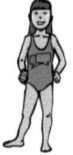

κορίτσι
qız

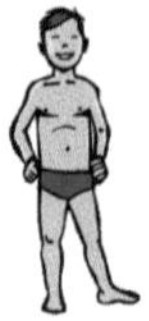
αγόρι
oğlan

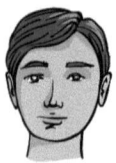

κεφάλι
baş

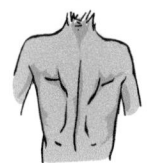

πλάτη

bel

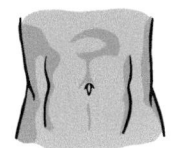

κοιλιά

qarın

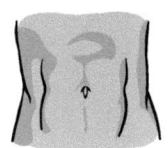

αφαλός

göbək

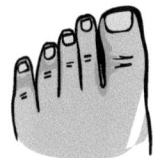

δάχτυλο ποδιού

ayaq barmağı

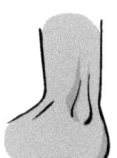

φτέρνα

daban

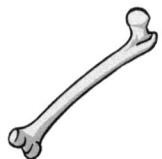

κόκκαλο

sümük

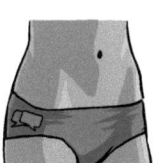

γοφός

bud

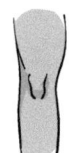

γόνατο

diz

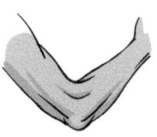

αγκώνας

dirsək

μύτη

burun

γλουτός

sağrı

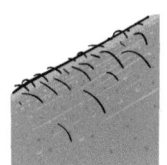

δέρμα

dəri

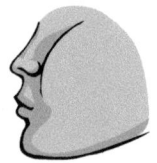

μάγουλο

yanaq

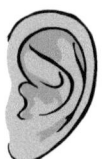

αυτί

qulaq

χείλος

dodaq

στόμα

ağız

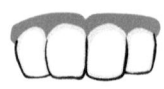

δόντι

diş

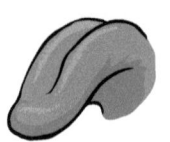

γλώσσα

dil

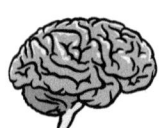

εγκέφαλος

beyin

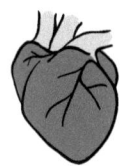

καρδιά

ürək

μυς

əzələ

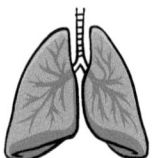

πνεύμονας

ağciyər

συκώτι

qaraciyər

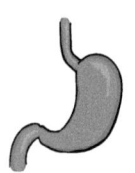

στομάχι

mədə

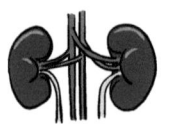

νεφρά

böyrəklər

σεξουαλική επαφή

cinsi yaxınlıq

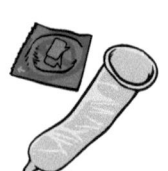

προφυλακτικό

kondom

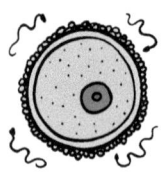

ωάριο

qadın cinsi hüceyrə

σπέρμα

sperma

εγκυμοσύνη

hamiləlik

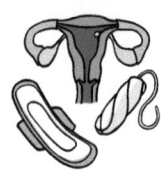

περίοδος

aybaşı

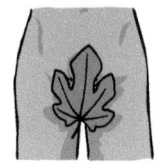

γυναικείος κόλπος

vagina

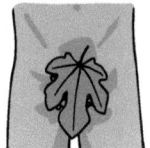

πέος

penis

φρύδι

qaş

μαλλιά

saç

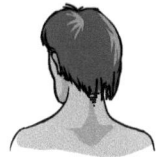

λαιμός

boyun

σώμα - bədən

νοσοκομείο
xəstəxana

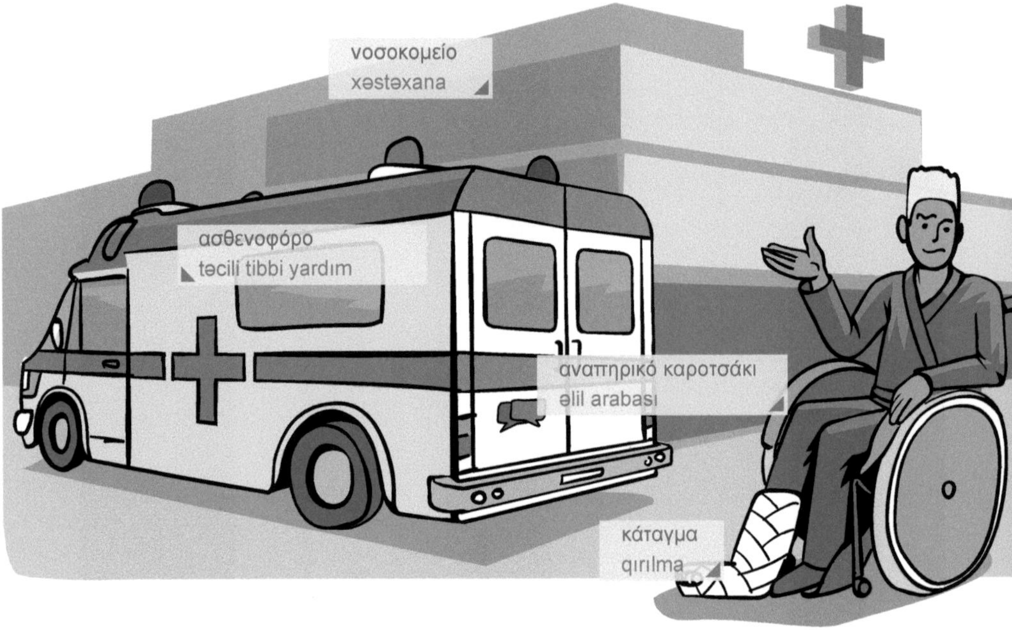

νοσοκομείο
xəstəxana
ασθενοφόρο
təcili tibbi yardım
αναπηρικό καροτσάκι
əlil arabası
κάταγμα
qırılma

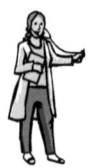

γιατρός
həkim

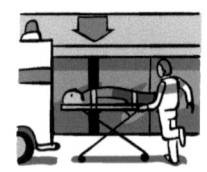

μονάδα εντατικής θεραπείας
reanimasiya şöbəsi

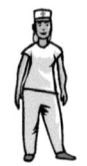

νοσοκόμα
tibb bacısı

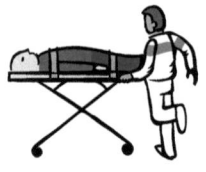

έκτακτη ανάγκη
fövqəladə hallar

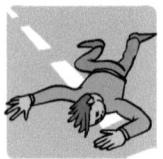

λιπόθυμος
huşunu itirmiş

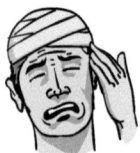

πόνος
ağrı

τραύμα

zədə

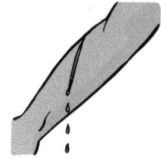

αιμορραγία

qanaxma

έμφραγμα

infarkt

εγκεφαλικό

insult

αλλεργία

allergiya

βήχας

öskürək

πυρετός

qızdırma

γρίπη

qrip

διάρροια

ishal

πονοκέφαλος

başağrısı

καρκίνος

xərçəng

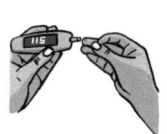

διαβήτης

şəkərli diabet

χειρουργός

cərrah

νυστέρι

neştər

εγχείρηση

əməliyyat

αξονική τομογραφία

CT

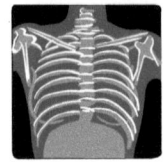

ακτινογραφία

rentgen

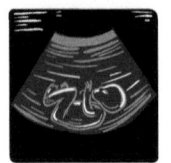

υπέρηχος

ultrasəs

μάσκα

maska

ασθένεια

xəstəlik

αίθουσα αναμονής

gözləmə otağı

πατερίτσα

qoltuqağacı

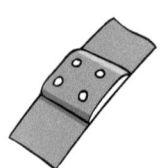

χάνσαπλαστ

plaster

επίδεσμος

sarğı

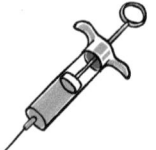

ένεση

inyeksiya

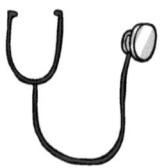

στηθοσκόπιο

steteskop

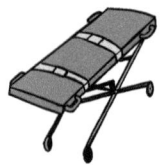

φορείο

xərək

θερμόμετρο

hərarətölçən

γέννηση

doğum

υπέρβαρο

çəki artıqlığı

ακουστικό βαρηκοΐας

eşitmə aparatı

αντισηπτικό

dezinfeksiyaedici

λοίμωξη

infeksiya

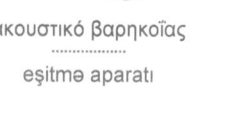

ιός

virus

HIV/AIDS

QİÇS

φάρμακο

tibb

εμβολιασμός

peyvənd

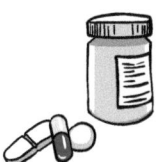

δισκία

həblər

χάπι

həb

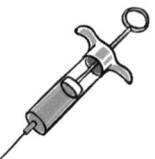

κλήση έκτακτης ανάγκης

təcili zəng

πιεσόμετρο αίματος

qan təzyiqini ölçmək üçün cihaz

άρρωστος / υγιής

xəstə / sağlam

Βοήθεια!

Kömək edin!

συναγερμός

həyəcan siqnalı

βιαιοπραγία

basqın

επίθεση

hücum

κίνδυνος

təhlükə

έξοδος κινδύνου

ehtiyat çıxışı

Φωτιά!

Yanğın!

πυροσβεστήρας

odsöndürən

ατύχημα

qəza

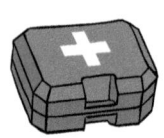

κουτί πρώτων βοηθειών

ilkin yardım qutus

SOS

SOS

αστυνομία

polis

Ευρώπη

Avropa

Βόρεια Αμερική

Şimali Amerika

Νότια Αμερική

Cənubi Amerika

Αφρική

Afrika

Ασία

Asiya

Αυστραλία

Avstraliya

Ατλαντικός Ωκεανός

Atlantik

Ειρηνικός Ωκεανός

Sakit Okean

Ινδικός Ωκεανός

Hind okeanı

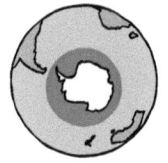

Ανταρκτικός Ωκεανός

Antarktika Okeanı

Αρκτικός Ωκεανός

Şimal Buzlu okeanı

Βόρειος Πόλος

Şimal qütbü

Νότιος Πόλος

Cənub qütbü

Ανταρκτική

Antarktika

Γη

Yer kürəsi

γη

ölkə

θάλασσα

dəniz

νησί

ada

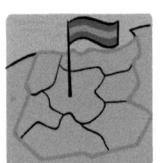

έθνος

millət

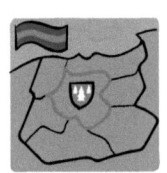

πολιτεία

dövlət

καντράν ρολογιού
siferblat

ωροδείκτης
saat əqrəbi

λεπτοδείκτης
dəqiqə əqrəbi

δείκτης δευτερολέπτων
saniyə əqrəbi

Τι ώρα είναι;
Saat neçədir?

ημέρα
gün

χρόνος
vaxt

τώρα
indi

ψηφιακό ρολόι
rəqəmsal saat

λεπτό
dəqiqə

ώρα
saat

εβδομάδα
həftə

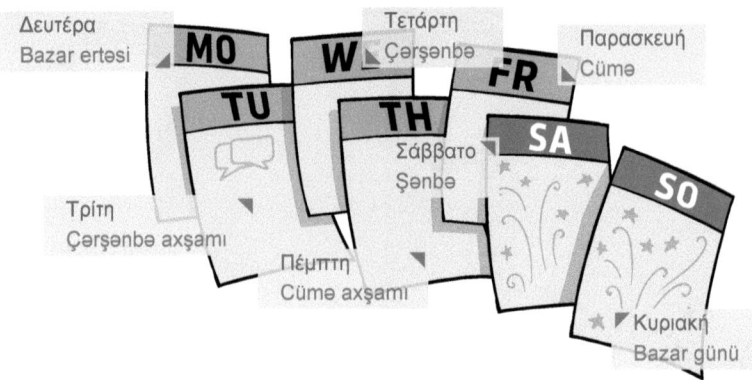

Δευτέρα
Bazar ertəsi

Τετάρτη
Çərşənbə

Παρασκευή
Cümə

Τρίτη
Çərşənbə axşamı

Πέμπτη
Cümə axşamı

Σάββατο
Şənbə

Κυριακή
Bazar günü

χθες

dünən

σήμερα

bugün

αύριο

sabah

πρωί

səhər

μεσημέρι

günorta

βράδυ

axşam

εργάσιμες ημέρες

iş günü

Σαββατοκύριακο

həftə sonu

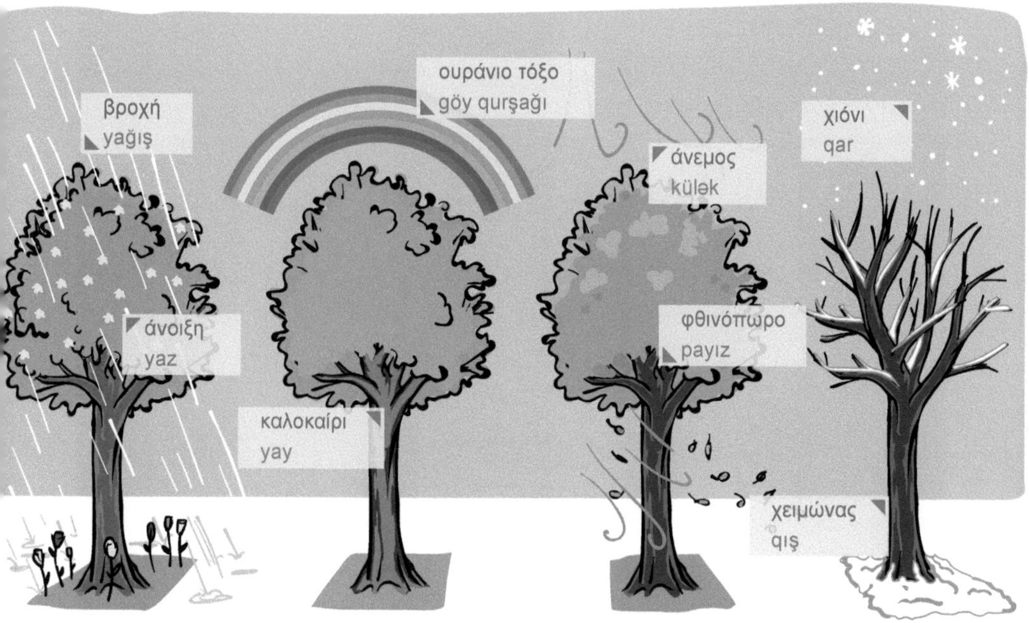

βροχή
yağış
ουράνιο τόξο
göy qurşağı
χιόνι
qar
άνεμος
külək
άνοιξη
yaz
φθινόπωρο
payız
καλοκαίρι
yay
χειμώνας
qış

4.APRIL 11°
5.APRIL 4°
6.APRIL 13°
7.APRIL 8°
8.APRIL 10°

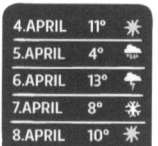

πρόγνωση καιρού

hava proqnozu

F
C
120
90
60
30
0
-30
40
30
20
10
0
-10
-20

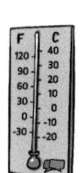

θερμόμετρο

termometr

λιακάδα

günəş işığı

σύννεφο

bulud

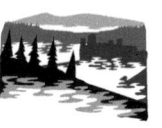

ομίχλη

duman

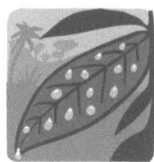

υγρασία

rütubət

αστραπή

ildırım

κεραυνός

göy gurultusu

καταιγίδα

fırtına

χαλάζι

dolu

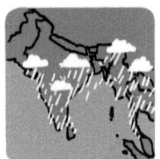

μουσώνας

musson

πλημμύρα

daşqın

πάγος

buz

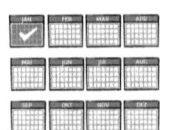

Ιανουάριος

yanvar

Φεβρουάριος

fevral

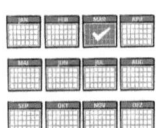

Μάρτιος

mart

Απρίλιος

aprel

Μάιος

may

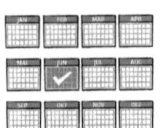

Ιούνιος

iyun

Ιούλιος

iyul

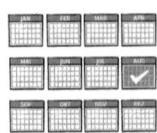

Αύγουστος

avqust

έτος - il

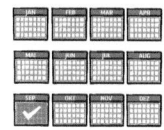

Σεπτέμβριος

sentyabr

Οκτώβριος

oktyabr

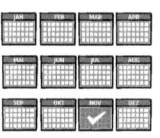

Νοέμβριος

noyabr

Δεκέμβριος

dekabr

σχήματα
formalar

κύκλος

dairə

τετράγωνο

kvadrat

ορθογώνιο
παραλληλόγραμμο
düzbucaqlı

τρίγωνο

üçbucaq

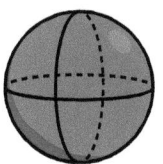

σφαίρα

kürə

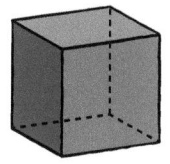

κύβος

kub

άσπρο

ağ

κίτρινο

sarı

πορτοκαλί

narıncı

ροζ

çəhrayı

κόκκινο

qırmızı

μωβ

bənövşəyi

μπλε

mavi

πράσινο

yaşıl

καφέ

palıdı

γκρι

boz

μαύρο

qara

πολύ / λίγο

çox / az

θυμωμένος / ήρεμος

qeyzli / sakit

όμορφος / άσχημος

yaraşıqlı / eybəcər

αρχή / τέλος

başlanğıc / son

μεγάλος / μικρός

böyük / kiçik

φωτεινός / σκοτεινός

işıqlı / qaranlıq

αδελφός / αδελφή

qardaş / bacı

καθαρός / λερωμένος

təmiz / kirli

πλήρης / ατελής

tam / natamam

ημέρα / νύχτα

gündüz / gecə

νεκρός / ζωντανός

ölü / diri

φαρδύς / στενός

geniş / dar

βρώσιμος / μη βρώσιμος

yemeli / yeyilməyən

κακός / ευγενικός

hirsli / mehriban

ενθουσιασμένος /
βαριεστημένος

həyəcanlı / bezmiş

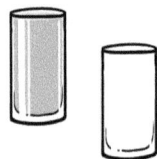

παχύς / λεπτός

kök / arıq

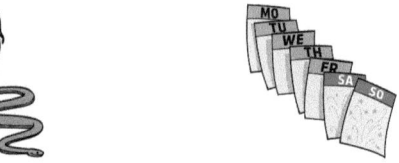

πρώτος / τελευταίος

ilk / son

φίλος / εχθρός

dost / düşmən

γεμάτος / άδειος

dolu / boş

σκληρός / μαλακός

sərt / yumşaq

βαρύς / ελαφρύς

ağır / yüngül

πείνα / δίψα

aclıq / susuzluq

άρρωστος / υγιής

xəstə / sağlam

παράνομος / νόμιμος

qanunsuz / qanuni

έξυπνος / χαζός

ağıllı / axmaq

αριστερός / δεξιός

sol / sağ

κοντινός / μακρινός

yaxın / uzaq

καινούριος /
μεταχειρισμένος

yeni / istifadə edilmiş

τίποτα / κάτι

heç bir şey / bir şey

γέρος | νέος

qoca / gənc

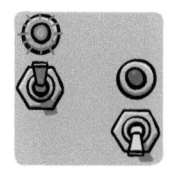

αναμμένος / σβηστός

açma / bağlama

ανοιχτός / κλειστός

açıq / bağlı

χαμηλόφωνος /
μεγαλόφωνος
sakit/ bərk

πλούσιος / φτωχός

varlı / kasıb

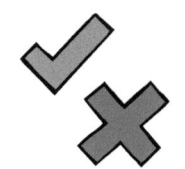

σωστός / λανθασμένος

düzgün / səhv

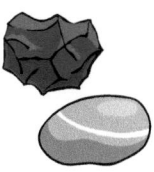

τραχύς / λείος

kobud / hamar

λυπημένος / χαρούμενος

kədərli / xoşbəxt

κοντός / μακρύς

qısa / uzun

αργός / γρήγορος

yavaş / sürətli

υγρός / στεγνός

yaş / quru

ζεστός / δροσερός

isti / sərin

πόλεμος / ειρήνη

müharibə / sülh

αντίθετα - əksinə

0

μηδέν

sıfır

1

ένα

bir

2

δύο

iki

3

τρία

üç

4

τέσσερα

dörd

5

πέντε

beş

6

έξι

altı

7

εφτά

yeddi

8

οκτώ

səkkiz

9

εννιά

doqquz

10

δέκα

on

11

έντεκα

on bir

12
δώδεκα
on iki

13
δεκατρία
on üç

14
δεκατέσσερα
on dörd

15
δεκαπέντε
on beş

16
δεκαέξι
on altı

17
δεκαεφτά
on yeddi

18
δεκαοκτώ
on səkkiz

19
δεκαεννέα
on doqquz

20
είκοσι
iyirmi

100
εκατό
yüz

1.000
χίλια
min

1.000.000
εκατομμύριο
milyon

Αγγλικά

İngilis dili

Αμερικάνικα Αγγλικά

İngilis dilinin amerikan variantı

Μανδαρίνικα Κινέζικα

Çin dilinin Mandarin dialekti

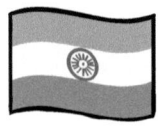

Χίντι

Hind dili

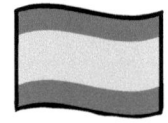

Ισπανικά

İspan dili

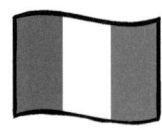

Γαλλικά

Fransız dili

Αραβικά

Ərəb dili

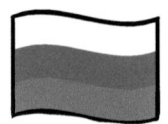

Ρώσικα

Rus dili

Πορτογαλικά

Portuqal dili

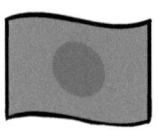

Μπενγκάλι

Benqal dili

Γερμανικά

Alman dili

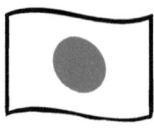

Ιαπωνικά

Yapon dili

εγώ
mən

εσύ
sən

αυτός / αυτή / αυτό
o / o / o

εμείς
biz

εσείς
siz

αυτοί / αυτές / αυτά
onlar

ποιος / ποια / ποιο;
kim?

τι;
nə?

πώς;
necə?

πού;
harada?

πότε;
nə zaman?

όνομα
ad

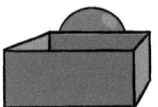

πίσω

arxadan

μέσα

içində

μπροστά

qarşısında

πάνω από

üzərində

πάνω

dair

κάτω

altında

δίπλα

yanaşı

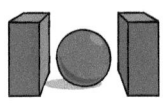

ανάμεσα

arasında

μέρος

yer